Original illisible
NF Z 43-120-10

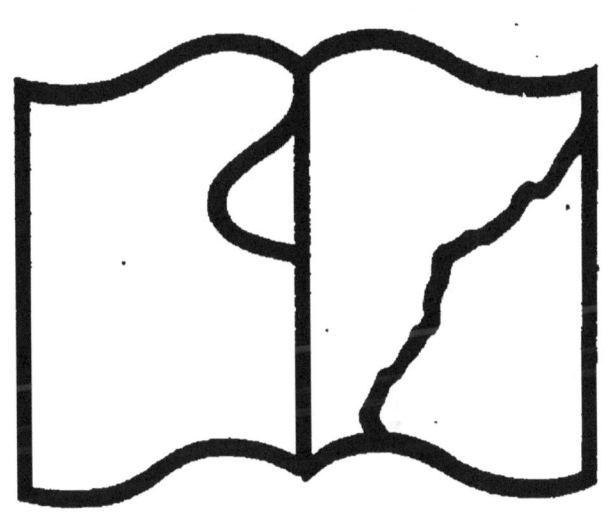

Texte détérioré — reliure défectueuse
NF Z 43-120-11

"VALABLE POUR TOUT OU PARTIE
DU DOCUMENT REPRODUIT".

MÉMOIRES

D'UN

BOURGEOIS DE PROVINCE

Paris. Imprimerie de Gustave GRATIOT, 30, rue Mazarine.

MÉMOIRES

D'UN

BOURGEOIS

DE PROVINCE

PAR

A.-G. DE MÉRICLET

Auteur de la *Bourse de Paris*.

PARIS

D. GIRAUD, LIBRAIRE-ÉDITEUR

7, RUE VIVIENNE, AU PREMIER, 7

—

1854

<small>Vu les traités internationaux relatifs à la propriété littéraire, on ne peut réimprimer ni traduire cet ouvrage à l'étranger sans l'autorisation de l'auteur et de l'éditeur.</small>

MÉMOIRES
D'UN
BOURGEOIS DE PROVINCE

CHAPITRE PREMIER.

DÉPART POUR PARIS.

Il y a une époque dans la vie de jeune homme où l'on éprouve les mêmes besoins que les oiseaux émigrants. Il semble qu'on est emprisonné dans les murs de la maison paternelle; on cherche un autre horizon; on veut rompre avec les habitudes de tous les jours. L'ouvrier se met en route pour faire son tour de France; le fils du propriétaire de province se rend à Paris; le jeune homme de Paris part pour l'Angleterre ou l'Italie; un voyage est une fête, le jour du départ remplit le cœur de joies inconnues, sans se douter que celles du retour seront bien plus douces.

Mon père était propriétaire de l'hôtel de la *Croix*

d'Or, à Montargis, petite ville située sur la route de Paris à Lyon. Après avoir servi pendant six ans dans la garde impériale il était rentré dans sa ville natale; successeur de son père dans la propriété de l'hôtel, fermier d'un domaine appartenant aux hospices, il jouissait d'une certaine aisance. Il m'avait fait élever au collége d'Orléans, ainsi que mon frère, sans comprendre qu'une éducation au-dessus de la profession à laquelle il nous destinait pouvait nous la faire prendre en aversion. Après une année d'épreuves dans la cuisine de l'hôtel, mon frère avait jeté aux orties la veste et le tablier blancs; il s'était engagé dans le 58° régiment de ligne qui partait pour l'Afrique. Quant à moi, ce ne fut pas sans une certaine répugnance que je me livrai aux détails intimes de la maison. Sans cesse préoccupé du désir de voir Paris, je lisais avec avidité les journaux, les enchantements et les prodiges qu'ils promettent. L'existence de ma petite ville me devenait intolérable. Cette surabondance de vie ne pouvait pas s'épancher dans un cercle aussi resserré et aussi monotone que la ville de Montargis. Je voulais voir Paris, Paris, ce grand réservoir où vont s'éteindre tant de jeunes existences. Plusieurs fois j'avais adressé la prière à mon père de me laisser partir; il s'y était formellement refusé.

— Mon garçon, me disait-il, je suis un vieux lapin; cette vie de province te déplaît, mais je ne peux pas rester seul; tant bien que mal, tu m'aides à administrer la Croix d'Or et la ferme des hospices. Dès que tu seras à Paris, qui sait quand tu reviendras? Après ça, mon ami, j'ai été en garnison à Paris, pendant trois ans; je connais le jeu qui se joue dans cette capitale du monde civilisé! Celui qui veut conserver son fils et en faire un bon sujet court de grandes chances de le perdre. Mon cher, par le temps qui court, le plus sage est de rester maître d'hôtel de la Croix d'Or et fermier des hospices. Les chemins de fer nous ont enlevé pas mal de voyageurs; il nous en reste assez pour faire vivre la famille. Du chef de ta mère, tu possèdes une petite ferme. En succédant de mon vivant à la Croix d'Or, tu peux épouser la fille d'un riche fermier des environs. Voilà où est le bonheur, à Montargis, dans le sein de sa famille; là le pain et la pomme de terre sont meilleurs qu'à Paris. Les fils Monginot sont partis, ainsi que le fils de M. Villette, et celui de la veuve Durand; faisaient-ils des embarras quand ils revenaient passer quelques jours à Montargis! Eh bien! que sont-ils devenus? Les Monginot ont fait faillite; Villette est parti pour la Californie, et le fils de la veuve Durand a passé par un conseil de guerre pour avoir fait partie d'une société secrète. Ces exemples t'apprennent les dangers de Paris.

Ces paroles étaient dictées par le bon sens; que

peuvent les paroles contre une pensée fixe et un désir aussi ardent? Pour me distraire, je fumai force cigares, j'allais à la chasse, je m'enfonçais dans les bois; je revenais le soir chargé de gibier m'asseoir au foyer de la cuisine, mon chien Phanor, brisé de fatigue, endormi à mes pieds. J'allai quelquefois le long du ruisseau d'une prairie, à une demi-lieue de la ville, caché derrière des arbres, sans que personne pût nous suivre du regard, me promener avec Marguerite, jeune fille de mon âge. Quand j'avais échangé avec elle des paroles d'amour, le crépuscule rose de Paris semblait s'évanouir; j'aurais juré que personne n'était plus heureux que moi. Mais les paroles d'amour s'oublient si vite! c'est le sillage tracé par le vent sur le sable. Au nombre des voyageurs qui s'arrêtaient à la Croix d'Or, j'avais remarqué M. de Cottigny, conseiller à la cour; habitant du faubourg Saint-Germain. Mon père lui avait procuré un bon fermier; il était venu le remercier.
— Ah çà! papa Montagny, dit-il à mon père, que faites-vous de ce garçon-là? Il faut nous l'envoyer à Paris, visiter la capitale, cela forme les jeunes gens. A une aussi petite distance, depuis l'invention des chemins de fer, il n'est plus permis de ne pas connaître Paris. Je serai enchanté de le recevoir, et par une réception cordiale, vous témoigner ma reconnaissance. — C'est possible que je me décide l'an prochain, dit mon père, si la récolte est bonne. —

Allons, laissez-le partir, reprit M. de Cottigny, vous n'êtes pas raisonnable, vous serrez de trop près la bride ; voyez, votre fils aîné s'est fait soldat, et celui-là partira sans vous en demander la permission. Au revoir monsieur Montagny, au revoir!

Ces paroles firent une profonde impression sur mon père. Peu de jours après, il était appuyé contre la porte de l'hôtel, il fumait sa pipe. — Garçon! me dit-il, tu as donc envie de voir Paris? — Oui, mon père. — Eh bien! réflexion faite, tu peux partir. Je te donne une permission de vingt jours. A ton retour, nous prendrons des arrangements pour l'hôtel. Ainsi, mon ami, voilà qui est convenu ; tu tiens le bonheur de ta vie dans tes mains, ne le mets pas sous tes pieds. Je t'ai dit qu'il y avait à Paris des piéges à loup, des trappes, des casse-cou, c'est à toi d'y veiller, te voilà averti. Je t'affranchis de la discipline paternelle. J'espère que tu auras assez de bon sens pour revenir bientôt te mettre à la tête de l'hôtel et faire marcher ça un peu mieux que ton père. A ces paroles, je me jetai dans ses bras et je le remerciai avec effusion et lui jurai ma parole d'honneur que je serais de retour dans les vingt jours.

Enfin, j'allais donc voir Paris, ce rêve de toute ma vie, ce rêve devant lequel pâlissait mon amour de la chasse et tous mes autres amours. Des rues solitaires de Montargis, j'allais tout à coup me trouver transporté au milieu des merveilles de Paris. A huit heures du soir ma malle était prête. Le lendemain, la première diligence qui passa était au complet; il me fallut attendre celle de deux heures de l'après-midi. Cette attente me donnait une sorte de fièvre. J'avais fait mes adieux à ma tante Dorothée; elle m'avait remis cent francs en or, mon père deux cents francs, et trois cents francs d'économies sur le bail de ma petite ferme, formèrent le trésor que j'emportais.

A deux heures la diligence du Grand-Bureau s'arrêta. Je demandai au conducteur Richard s'il avait une place. Il m'offrit une banquette. Les voyageurs étaient descendus pour déjeuner; les chevaux étaient attelés; ils piaffaient d'impatience à la porte de l'hôtel; le postillon but son dernier verre de vin. Le conducteur, son portefeuille entre les dents, monta sur l'impériale; j'embrassai mon père, ma bonne tante, mon pauvre chien Phanor; on eût dit qu'il prévoyait une longue absence, il me dévorait de caresses; il fallut l'enchaîner à sa cabane. Je pris place sur la banquette. Le temps était superbe; une de ces belles journées d'automne, la saison la plus belle de nos contrées. Richard se plaça près de moi; le postillon fit claquer son fouet; les chevaux enlevèrent la voiture. J'éprouvai un serrement de cœur de me séparer ainsi de mes premières affections. Une brise fraîche caressait mon visage. J'avais de la tristesse dans l'âme; cependant il me semblait qu'une joie secrète l'envahissait doucement. Heureux privilége de la jeunesse, comme elle vous rend le bonheur facile! Déjà Montargis était bien loin, mes regards se tournèrent vers un autre horizon; vers Paris, Paris, pays d'amour, d'enchantement, de bonheur et de liberté!

Nous arrivâmes à Nemours, petite ville située entre les forêts de Montargis et de Fontainebleau. J'admirai ses belles et fraîches promenades. Bientôt Fontainebleau nous apparut; je vis son château royal et la vaste cour d'honneur célèbre par les adieux de Napoléon à sa garde; ses rues larges et propres, sa belle forêt et ses fantastiques rochers. Nous touchâmes à Essonne, si voisine du chemin de fer de Corbeil. Le soleil avait disparu derrière les montagnes; les plaines, des deux côtés de la route, devenaient silencieuses; on n'entendait plus que le bruit des roues retentir au loin; la diligence avançait rapidement. Tout à coup, il me sembla apercevoir une clarté à travers une brume légère. Je découvrais des tours gigantesques, des dômes qui se dessinaient sur le fond du ciel, un horizon immense de toits, des lignes de feux qui se perdaient dans une grande profondeur : nous étions aux portes de Paris. Un employé se plaça à côté du conducteur. Du haut de l'impériale, je regardais les larges quais, les contours de la Seine, ces ponts jetés à des distances si rapprochées; la foule qui circulait; des boutiques éclairées à jour, des voitures qui se croisaient dans tous les sens, et enfin les flammes du gaz qui jetaient une clarté éblouissante sur ce tableau si nouveau pour moi. La diligence s'arrêta, nous étions dans la cour des Messageries. Je fis transporter mon petit bagage à l'hôtel de Tours, place de la Bourse. Je demandai une chambre. Fatigué de ce premier voyage, je me couchai en murmurant ces mots : — La nuit sera trop lente à s'écouler, je voudrais être à demain. J'avais l'âme remplie de ces inquiétudes joyeuses qui troublent le sommeil. Je m'endormis en répétant encore : — Oh! Paris! Paris! demain, je vais donc te voir.

CHAPITRE II.

MA PREMIÈRE VISITE.

On comprend la surprise que doit éprouver un provincial, quand il se voit tout à coup transporté au milieu du mouvement de la grande ville.

Cette transition d'un calme profond à une sorte d'agitation fébrile; du terrain primitif de Montargis je me trouvai en plein Paris. J'avais pris un logement place de la Bourse, hôtel de Tours. A ma première sortie de l'hôtel, une jolie bouquetière m'offrit un bouquet de violettes, pour cinq centimes; j'en parai ma boutonnière, il répandait un parfum de printemps. J'allumai mon cigare, cela donne de l'assurance. Ce qui frappa d'abord mes regards fut le palais de la Bourse. J'en fis le tour en l'étudiant avec beaucoup d'attention. Comme les gens qui veulent s'instruire, je cherchai à en deviner la destination. J'y trouvai des souvenirs de la Maison Carrée à Nîmes du temple de Minerve à Athènes et du temple de Neptune. Les statues dont il est orné m'indiquèrent sa destination plutôt par leurs attributs que la forme du temple. C'était le grand marché des effets publics et de l'industrie. Avec cette vanité des provinciaux et des demi-savants, je m'écriai : « Avant d'arriver sur cette place, ce palais a dû passer par Rome ou par Athènes. »

Je suivis la rue Vivienne, allant droit devant moi, à ma fantaisie, sans donner le bras à personne. J'arrivai sur les boulevards. Je les parcourus de la rue Montmartre jusqu'à l'église de la Madeleine. Sans contredit, c'est le plus beau et le plus riche quartier de Paris, sa fleur, son épanouissement, le résumé de tout ce que le luxe et l'industrie parisienne ont inventé de plus merveilleux. C'est une exposition perpétuelle. On y voit des boutiques qui resemblent à des musées, des cafés à des palais, à droite et à gauche de riantes et belles maisons.

A l'extrémité de ce boulevard, je m'arrêtai devant la magnifique église de la Madeleine. Je vis sur le frontispice la sainte agenouillée aux pieds du Christ et demandant son pardon. Si dans Paris il est une église aimée de Dieu, c'est celle de la Madeleine. Il faut la voir les jours de fête, avec sa parure de fleurs, de statues, de lustres d'or, ses marbres et son grand autel. L'encens de ses ostensoirs, ses prédicateurs chéris, appellent un concours immense de fidèles.

Après avoir visité l'intérieur du temple, je me dirigeai vers la place de la Concorde. Arrivé au milieu de cette place, je restai en extase. Les fontaines lançaient des gerbes d'eau qui se croisaient dans tous les sens. Appuyé contre les grilles, j'examinai le vieil obélisque de Luxor, arrivé jeune encore dans nos climats et qui se dégrade comme un vieillard sous l'intempérie de notre ciel brumeux. De cette place, ma vue plongeait dans la profonde avenue des Champs-Élysées, couronnés par l'arc de triomphe de l'Étoile. A droite l'église de la Madeleine, l'hôtel de la Marine, dont les colonnades sont une copie affaiblie de la colonnade du Louvre; à gauche et dans le fond le dôme des Invalides, si léger qu'on le croirait, comme le dôme de Saint-Pierre à Rome, suspendu dans le ciel; le Palais-Bourbon, qui espérait recevoir une convention, et qui reçoit une assemblée législative sans tribune. Autour de moi de graves statues, représentant les principales villes de France; enfin du côté de Paris le palais des Tuileries, sa terrasse, son parc, ses marronniers gigantesques, ses jardins, ses prés, ses arbustes en fleur, dont chaque jour on fait la toilette, ses bassins et ses cygnes au plumage éclatant de blancheur.

Il était dix heures et je n'avais pas déjeuné. A Paris, ce qu'il y a de merveilleux, vous désirez une voiture; à peine avez-vous formulé votre souhait, comme dans Cendrillon, un cocher vous fait signe qu'il est à votre disposition. Vous avez besoin de déjeuner ; à peine avez-vous formé ce désir, que sous vos yeux se présente un restaurant. Derrière les vitres vous apercevez la fine volaille rôtie, étendue sur un lit de cresson ; le jambon de Mayence, le pâté de foie gras et autres comestibles tentateurs.

En traversant la rue Royale, je levai les yeux ; je lus : *Durand, restaurateur.* J'entrai ; je fis un déjeuner confortable ; je demandai la carte. Sept francs ! c'était un peu cher ! A Montargis, on déjeune plus copieusement pour deux francs. L'heure de ma visite à M. de Cottigny sonnait ; je priai le garçon de m'indiquer la rue de Sèvres. — Monsieur, me dit-il, près d'ici ; à l'angle de la rue Saint-Honoré, prenez l'omnibus, il vous conduira directement rue de Sèvres. A midi, je descendais de l'omnibus et m'arrêtais au n° 79. — M. de Cottigny est-il chez lui ? — Monsieur n'est pas sorti ce matin, me répondit le concierge. Je rajustai ma cravate, mes cheveux, j'essuyai la poussière de mes bottes et je sonnai. — Veuillez entrer et attendre un instant, me dit le domestique. Après quelques minutes d'attente, je fus introduit. M. de Cottigny était assis dans un vaste fauteuil, vis-à-vis son bureau, enveloppé d'une longue robe de chambre, un bonnet de velours noir sur sa tête grisonnante. Il me regarda par dessus ses lunettes. — Qu'est-ce qu'il y a pour votre service ? me dit-il. Je tendis la main, qu'il ne prit pas. —

Monsieur, lui répondis-je, je suis arrivé de Montargis hier dans la soirée, ma première visite est pour vous. — Dans quel but? — Mais, Monsieur, vous avez sollicité si vivement mon père de m'envoyer à Paris, vous lui avez promis une réception si cordiale, que je me suis empressé de me rendre auprès de vous. — Eh! pardon! reprit-il, je ne vous reconnaissais pas. A Montargis, vous portez la blouse et la casquette et ici vous êtes en paletot; c'est singulier, je perds la mémoire des noms et des personnes; que puis-je pour vous? — Très-peu de chose, Monsieur; je désire que vous ayez la bonté de m'indiquer ce que je dois faire pour apprendre à connaître Paris et ne pas être aussi ignorant au retour qu'au départ. — Mon cher, me dit-il avec une sorte d'impatience, rien n'est plus facile; achetez un indicateur de Paris, vous y puiserez une instruction positive sur ses monuments et ses curiosités. — Mais, Monsieur, repris-je, ce n'est pas seulement pour connaître l'histoire des monuments que j'ai fait le voyage; j'ai une extrême envie de voir un salon, ce qu'on appelle la bonne société. — Et qu'est-ce que cela vous servira pour être un jour cuisinier ou maître d'hôtel? Franchement, mon cher ami, vous avez là une drôle de prétention. — Monsieur est trop bon; cependant, ajoutai-je avec une sorte de dignité, j'ai fait mes études au collège d'Orléans, je connais la synthèse et l'analyse; avec ces deux sciences on n'est déplacé nulle part. Il est vrai que je n'ai jamais mis le pied dans un salon et que de ma part c'est une singulière prétention; je voulais apprendre à connaître le monde; en ce moment j'en fais une expérience à laquelle je ne m'attendais pas. Monsieur, j'ai bien l'honneur de vous saluer. — Permettez, reprit le conseiller avec une extrême vivacité; vous avez l'air de vouloir me faire une sorte de leçon; mon cher, je ne le souffrirai pas. Je dois rester à ma place et vous à la vôtre. Je n'ai point cherché à vous offenser, mais avec votre tournure provinciale, votre ignorance des usages, vous venez me prier de vous introduire dans un salon; c'est une familiarité que je n'autorise pas. A Montargis, j'ai pu oublier mon rang avec vous, comme je l'oublie avec mes fermiers; mais ici je suis conseiller à la cour, et vous le cuisinier de l'hôtel de la Croix d'Or; je n'ai pas à faire l'éducation d'un cuisinier, vous avez un peu trop de confiance dans votre mérite, je suis fâché de vous dire ces choses-là. Tenez, en ce moment je travaille à un rapport sur un procès qui peut ruiner un père de famille, il doit être prêt à quatre heures. Demain je pars pour Chartres où je vais présider les assises, et vous venez chez un homme dont la vie tout entière est consacrée aux intérêts publics, le prier de vous présenter dans le monde; mais, mon cher, rendez-vous donc justice, et qu'on ne soit pas obligé de vous remettre à votre place. Il se leva avec dignité, me congédia de la main. J'étais rouge de colère; je ne pus trouver un mot à lui répondre. Descendu dans la rue : — Je ne m'abuse pas, m'écriai-je, il m'a mis à la porte! Voilà un joli début. Si les amis de Paris vous reçoivent ainsi, je n'irai voir personne. Au fait, il a raison, quelle vanité, quelle confiance! croire qu'un conseiller, un président de cour d'assises, ira perdre son temps en causeries inutiles; m'inviter à sa table, me servir de mentor dans les salons, et pourtant à Montargis, c'était un ami de la famille. Pauvre sot! comme tu t'abusais. Alors je me rappelai en souriant le refrain du couplet d'un opéra que j'avais vu jouer à Orléans :

> Ah! mon Dieu, qu'on rit de bon cœur
> D'un valet qui fait le seigneur.

CHAPITRE III.

LE CAMARADE DE COLLÉGE.

Ma première entrevue avec le conseiller de Cottigny m'avait un peu découragé à l'endroit des amis de Paris. Mes bonnes dispositions à rendre des visites se refroidirent. Je compris que je n'étais pas dans les conditions d'être bien accueilli : ma tournure provinciale, mon costume, mes habitudes de petite ville, ma profession. Fils d'un simple maître d'hôtel, il était ridicule, en effet, de faire la demande à un conseiller à la cour de me présenter dans le monde. La leçon me fut utile; elle me fit comprendre l'infimité de ma position.

Le matin, après le déjeuner, je sortis. Je me dirigeai vers le Palais-Royal. Mon père avait tenu garnison à Paris, dans le temps de l'Empire; il en avait emporté de vieux souvenirs. Il croyait que le Palais-Royal était le lieu le plus dangereux de Paris; il m'en avait interdit sévèrement la fréquentation : il se souvenait de ces hideuses galeries de bois dans lesquelles circulait une foule, où toutes les débauches trouvaient à se satisfaire. Il se rappelait les femmes galantes vêtues de costumes si légers, qu'un seul coup de ciseaux eût tout fait disparaître. A cette époque, le Palais-Royal était le rendez-vous des étrangers, des oisifs, des industriels et des filous attirés par les maisons de jeu. Malgré la défense de mon père, je parcourus ses longues galeries. Je fus agréablement surpris de voir un superbe monument très-régulièrement bâti, orné d'une magnifique galerie vitrée ; de longs passages avec de belles boutiques ; une foule paisible et honnête se promenait en examinant les richesses étalées devant elle. Les femmes galantes, les maisons de jeu avaient disparu. Je ne prétends pas que quelques lorettes en bonne fortune, ou des filous exerçant le vol à la tire, ne traversent quelquefois ses longues galeries ; mais ce monde-là est sévèrement observé, et c'est toujours d'un pas furtif et inquiet qu'il y exploite sa coupable industrie. Les boulevards ont succédé à la mauvaise réputation du Palais-Royal ; ils ont hérité de sa riche succession : c'est là qu'est aujourd'hui le vrai et dangereux Paris.

Au nombre des distractions dont s'amusent les enfants ou les oisifs qui fréquentent le Palais-Royal, on voit sur le gazon d'un vert émeraude quelques pierrots effrontés solliciter un petit morceau de pain ou de gâteau. Je regardais ces bandes joyeuses se jeter avec avidité sur les débris de pain, lorsque je me sentis tout à coup saisi par le bras. Un jeune homme me sauta au cou en me disant : — Eh ! c'est toi, mon cher Montagny ! par quel heureux hasard te rencontrai-je à Paris? Je reconnus Robert Duclos, mon camarade ; je ne l'avais pas vu depuis ma sortie du collége d'Orléans. — Ah çà, me dit-il, que viens-tu faire à Paris? Je lui racontai en peu de mots que mon père devait, à mon retour, me faire la cession de l'hôtel de la Croix d'Or, et qu'il m'avait accordé un congé de vingt jours pour connaître la capitale et me mettre sérieusement au travail dès que mon congé serait expiré. — Mais, me dit-il, voilà un projet très-raisonnable; en attendant le jour du départ, fais-moi l'amitié d'accepter un déjeuner sans façon chez Véfour? — Chacun son écot, lui répondis-je, comme au bon temps du collége. — Non, dit Robert, tu me rendras plus tard ma politesse. Quelques minutes après, nous étions à table.

Après les premiers épanchements du cœur entre jeunes gens qui ont commencé la vie ensemble : — Que fais-tu? dis-je à Robert. — Mon cher, je suis surnuméraire au ministère des affaires étrangères. J'ai en expectative une place de chargé d'affaires dans des contrées lointaines. J'avais d'abord pour protecteur M. de Persigny; il ne m'a pas protégé du tout, ce qui fait qu'aujourd'hui je me protége moi-même.

Je lui racontai à mon tour la réception du conseiller de Cottigny; ses politesses de Montargis et ses impertinences de Paris, son changement de sentiment avec son changement de département. — Mon ami, me dit alors Robert, tu en verras bien d'autres. Ce qui fleurit ici, c'est l'amour de l'or, la satisfaction des intérêts. Tu rencontreras des hommes aux manières polies et affectueuses; ne te fie pas aux apparences : c'est faux, c'est du Ruolz. La forme seule est polie. Il n'y a ici que des amitiés décevantes ou intéressées. Si tu ne peux pas obliger, tu n'auras point d'amis. Ne prends jamais conseil de ton cœur, mais de la méfiance et de l'expérience; elles nous apprennent à nous tenir sur une habile défensive, et les femmes, mon cher, presque toutes sont ridicules ou coquettes. Que veux-tu? l'esprit ne suffit pas, comme du temps de madame de Sévigné, pour les faire remarquer; il leur faut une excentricité quelconque ou un grand talent. Tu vas rencontrer dans ce monde de Paris de bons amis et de jolies femmes : tes amis t'emprunteront de l'argent; les jolies femmes auront pour toi des paroles charmantes; tu les aimeras, mais tu ne rencontreras que des cœurs de marbre. — Mon ami, dis-je à Robert, comment il n'y aurait pas d'honnêtes gens dans cette grande ville de Paris? Et quand on croirait toucher une main amie, ce serait une main perfide, du poison au lieu du parfum des fleurs, cela n'est pas possible! — Oh! tu verras, me répondit Robert, tu verras surtout dans le monde que tu vas fréquenter. Après ça, ajouta Robert, il faut être tolérant ; il y a ici des besoins si vifs, des nécessités si impérieuses, des entraînements si séduisants !

Notre déjeuner fut délicieux; Robert l'avait commandé avec un goût parfait. Au dessert, nous bûmes une bouteille de champagne frappé. Je me sentais l'âme toute joyeuse, le cœur chaud. Robert me rappela quelques-unes de nos aventures de jeunesse. J'étais heureux de retrouver un aussi bon ami. Il demanda la carte; elle s'élevait à dix-huit francs. Il paya les dix-huit francs, et remit deux francs au garçon. Après avoir allumé nos cigares, nous nous dirigeâmes vers le café Tortoni. En route, pendant qu'il était suspendu à mon bras : — Mon cher, me disait-il, ne te gêne pas, si tu as besoin d'un ami, je suis à ton service. Ces protestations étaient si chaudes que j'en étais attendri. Nous prîmes le café. — Je suis pressé de te quitter, me dit-il, je vais à mon bureau.

Nous descendions le perron de Tortoni : — Adieu, mon bon, adieu. Ah! pardon, s'écria-t-il vivement, j'oubliais : j'ai acheté ce matin un royal alpaga au

Prince Eugène, prête-moi cent francs pour le payer. Je ne veux pas rentrer chez moi, demain matin je te les porterai à ton hôtel.

Je n'eus pas le temps de réfléchir : je tenais mon portefeuille, je lui remis un billet de banque de cent francs. Il s'en empara. — Adieu ! s'écria-t-il, à demain. Il partit sans même s'informer de la rue et dans quel hôtel j'étais descendu. La rapidité avec laquelle il disparut éclaira mon esprit. — Mes cent francs sont perdus ! m'écriai-je ; c'est un vol au camarade de collége. Il y a un instant il me disait : « Il ne faut jamais consulter son cœur, mais l'expérience ; elle nous apprend à se mettre sur la défensive. Tu rencontreras de bons amis qui t'emprunteront de l'argent. » Voilà l'ami tout trouvé ! Avec quelle précipitation il m'a soutiré mes cent francs ! J'aurais dû mettre à profit ses conseils. Je me croyais plus habile ; c'est une leçon. Oh ! si mon voyage à Paris ne me rapporte pas plus d'agrément que ces deux premiers jours, je ferai bien de retourner promptement à Montargis.

CHAPITRE IV.

UNE MAISON DE JEUX CLANDESTINS.

Alexandre Dumas raconte dans ses Mémoires, en parlant de Frédéric Soulié, que son cerveau était comme l'hémisphère, éclairé d'un côté et l'autre plongé dans les ténèbres. Ce qui était vrai pour Frédéric Soulié l'est bien davantage pour la plupart des hommes. C'est un fait curieux de voir quelle obscurité règne dans bien des cerveaux. C'est à peine si un faible rayon de lumière peut y pénétrer. La lumière, c'est la vérité ! qui donc peut se flatter de la connaître lorsque Montaigne, à la fin de sa vie, répétait si tristement : Que sais-je ?

En arivant à Paris, mon cerveau était plongé dans une obscurité profonde. Je croyais à la reconnaissance et à l'amitié. Je pensais qu'après avoir rendu service à quelqu'un, je n'avais qu'à me présenter pour être bien accueilli. Jamais je n'aurais eu l'idée qu'un vieil ami, un camarade de collége, m'aurait invité à déjeuner pour me voler cent francs. L'expérience que j'avait faite de la reconnaissance de M. de Cottigny et de l'amitié de Robert Duclos avait excité ma méfiance, et comme les hommes dont le cerveau est obscur, j'étais disposé à passer d'un extrême à l'autre, c'est-à-dire à croire que tous les hommes étaient des ingrats et les rues de Paris pavées de filous. Cependant je m'étais lié d'amitié à la table d'hôte de l'hôtel de Tours avec un vieil officier, ancien commandant de Bone. Après un séjour de deux ans en Afrique, on l'avait mis à la retraite. Homme de cœur, il avait courageusement supporté les épreuves de la vie. Philosophe, un peu humoriste, il voyait le monde de son côté positif; il était fort indulgent, privilége de ceux qui ont beaucoup vécu. Je lui avais raconté le but de mon voyage, le désir que j'éprouvais de m'initier à l'existence de Paris, à lever un coin de ce rideau toujours baissé pour le provincial. — Mon cher, m'avait-il dit, puisque vous voulez faire des études de mœurs, je peux vous présenter ce soir dans une maison de jeux clandestins. Ce sont les débris de la bonne compagnie qui viennent se réfugier dans ces sortes de maisons. Vous y rencontrez des gens titrés, des chevaliers d'industrie, des étrangers, des actrices et quelques douairières de la galanterie. Ne voyez ce monde qu'une fois, il offre des dangers pour la moralité et la réputation d'un jeune homme. Quant à moi, je m'en permets l'usage, mais c'est rare. Ne jouez pas, vous seriez infailliblement dévalisé. J'acceptai.

Le soir à six heures, le commandant me présenta à Mme de Saint-Remy, jeune dame blonde, d'un embonpoint monstrueux, cheveux en bandeau. Elle nous fit un gracieux accueil. Ses regards m'enveloppèrent des pieds à la tête, sans doute pour deviner à quelle sorte de personnage elle avait affaire. Le salon était somptueusement meublé. Près de la cheminée, trois personnages d'une bonne tenue et décorés parlaient bourse et politique. Plusieurs dames, jeunes et très-jolies, étaient assises dans des fauteuils de soie et causaient avec animation. A première vue, si je n'avais pas été prévenu, j'aurais pensé que j'étais en très-bonne compagnie. Seulement Mme Saint-Remy était tout à fait dans l'esprit de son rôle, sans distinction et ne paraissant que ce qu'elle était réellement, une maîtresse de maison meublée. Il y avait dans l'angle du salon un magnifique piano à queue. Tout en causant, une jeune dame laissait courir une main agile sur les touches mélodieuses de l'instrument. On voyait des fleurs partout; dans les jardinières, sur les consoles, le salon en était parfumé.

Après quelques minutes d'attente, les grandes portes du salon s'ouvrirent. Le domestique dit à haute voix : — Madame est servie! Mme de Saint-Remy se leva. — Messieurs, dit-elle, veuillez offrir le bras à ces dames. Aucun de ces messieurs ne leur fit cette galanterie. — Messieurs, ajouta-t-elle en s'adressant aux personnes dont les places n'étaient pas marquées, placez-vous comme il vous plaira. Chacun se précipita sur la place qu'il désirait. J'avais à ma droite une jeune et jolie voisine, à ma gauche le commandant. J'examinai d'abord les convives. Ils avaient d'étranges figures; des teints rouges, bistres, animés; d'autres d'une pâleur mate, les traits altérés, et ces sortes de figures qu'on ne voit jamais au grand jour.

Les familiers de la maison s'appelaient entre eux comte, marquis, colonel, chevalier. Le marquis ne manquait pas de distinction, et s'exprimait dans un langage choisi; sa parole était pleine de séduction et sa personne très-sympathique.

Placé vis-à-vis Mme Saint-Remy, il lui dit : — Obligez-moi, Madame, de me verser ce vin de Champagne où se baigne ce morceau de glace; il dissipera ma migraine. Parfait! délicieux! vrai Moët! Mon cher Saint-Yves, ajouta-t-il en posant son verre, en vérité la vie est une ironie, la fortune cette nuit m'a outrageusement poursuivi; j'ai joué avec un malheur inouï. C'était une lutte désespérée; ma bourse s'est vidée tout entière. Je suis de nouveau à la demi-solde. — Il fallait suspendre la lutte, répondit

M. de Saint-Yves. — Fi donc! reprit le marquis, c'est vulgaire; quand la destinée me poursuit, je suis comme Ajax, prêt à monter sur le rocher et à défier les dieux. D'ailleurs j'aime les émotions et les périls. — Je ne comprends pas, dit le flegmatique Saint-Yves, comment un homme qui comme vous possède une haute expérience et un esprit éclairé s'engage dans une lutte contre la chance. Au jeu, en affaires, dans nos relations de tous les jours, il existe des chances; l'habileté de la vie consiste à poursuivre les bonnes et à éviter les mauvaises. Les grands joueurs les connaissent. Ils se gardent d'engager la lutte. Feu le marquis de Saint-André, le plus habile joueur de Paris, laissait écouler quelquefois trois mois sans toucher une carte. — Eh! mon cher, dit le marquis en levant les épaules, est-ce que le monde est gouverné par la théorie? Je ne crois pas à cette fausse divinité; seulement je rends hommage à celle des cartes bizeautées. Allez, mon ami, si vous ne violentez pas un peu la fortune, elle ne vous sourira jamais.

Ces paroles me firent une triste impression; non-seulement la corruption était flagrante, mais ils l'avouaient au grand jour. — Mon cher, continua le marquis, le monde marche toujours au même but. La preuve que les lois qui nous régissent ne changent pas, c'est que chaque année la France produit à peu près le même nombre de criminels. Ceux qui viennent ne valent pas mieux que ceux qui s'en vont. Puisque le monde est fait ainsi, laissons couler l'eau et versez-moi un second verre de champagne. — Ah! pardon, pardon, reprit le vieux comte de Sauvigny, nos pères valaient mieux que nous. — Pas davantage, dit le marquis; lisez les œuvres de Faublas, qui résument la fin du dernier siècle, et dites-nous si vos marquises demi-nues, vos comtesses amoureuses et de mœurs faciles, tout ce monde de ruelle et de boudoir valait mieux que le monde d'aujourd'hui? — J'espère bien, reprit M. de Sauvigny, que les petits abbés coquets, les jeunes marquis, les colonels poudrés, avaient une meilleure tenue que vos dandys avec leurs paletots et leurs cigares. — Qu'importe, répondit le marquis, au fond les mœurs étaient les mêmes. Débauché dans la jeunesse, ambitieux dans l'âge mûr, ridicule et égoïste dans la vieillesse, tel est le résumé de la vie. — Vous direz ce qu'il vous plaira, s'écria M. de Sauvigny, j'aime mieux la poudre, les mouches, le rouge, les yeux flamboyants des marquises et des filles de l'Opéra d'autrefois que vos cheveux en bandeaux, vos toilettes uniformes et vos hommes si laids, qu'ils osent à peine porter l'habit de cour et les broderies; vos gentilshommes d'aujourd'hui sont très-mal élevés, ce sont des parvenus. On les couvre de croix qu'ils ne savent pas porter; leur origine se trahit toujours, tandis que, dans les temps passés, on rencontrait de véritables grands seigneurs, généreux, beaux joueurs et portant magnifiquement les broderies et l'épée.

J'ai dit qu'à mes côtés était une jolie voisine; sa voix était d'une douceur angélique; son mouchoir si bien parfumé, que j'en prenais mal à la tête. Cela est véritablement inexplicable dans ce monde étrange de vices et de mauvaises passions, on rencontre des figures de femmes dont l'expression est si pure, si honnête, qu'on se demande quelle tenue plus réservée emprunterait la sagesse. — Aimez-vous la musique? lui demandai-je. — Faut-il vous répondre avec franchise? me dit-elle. Eh bien! tenez, j'ai entendu tant de chanteurs, tant de pianistes, qu'ils ont pour ainsi dire usé mon sens musical; dès que je vois un jeune homme, ou une jeune femme se diriger vers le piano, j'ai hâte que le morceau soit achevé. Un homme en habit noir chantant une romance me paraît très-ridicule. J'aime la musique au théâtre; elle ne me produit aucun effet dans les salons, et si vous désirez, ajouta-t-elle en souriant, que j'aille plus avant dans ma confidence, je vous avouerai que j'aime ce qu'il y a de vif, d'enjoué, de mélancolique même dans la musique. Un quadrille de Musard, une walse de Strauss, une mazurka de Pillodo, bien exécutés, voilà ma passion; c'est vous dire que j'aime la danse à la folie, et qu'une délicieuse polka, une ravissante schotish, sont mes danses favorites. Le bon ton n'avoue pas ces choses-là, moi je ne crains pas de les dire tout haut.

Peu à peu la conversation générale s'éteignit; chacun s'occupait de sa voisine. La tenue des convives fut irréprochable, Mᵐᵉ de Saint-Remy fit parfaitement ses honneurs. Chacun resta dans les limites d'une excessive politesse. Parmi les convives il y avait un jeune officier prussien. Obligé de fuir son pays pour un duel où il avait tué le major de son régiment, il cherchait à s'étourdir dans les délices d'une vie orageuse. Il avait bu force champagne et sa gaieté germanique était très-bruyante. Le marquis le calmait par un mot; mais de temps à autre il échappait à cette surveillance. Après le café on passa au salon; je fus m'asseoir sur un canapé à côté de ma jeune voisine, qui se posa avec la plus extrême coquetterie. Elle avait étalé sa robe en plis gracieux, elle tenait un large éventail à la main. Elle m'apprit qu'elle appartenait au théâtre du Gymnase et qu'elle y remplissait l'emploi de secondes jeunes premières. A cet aveu, je faillis en perdre la tête; une actrice du Gymnase! En vrai provincial, je lui parlais de mon admiration, de mon amour pour les actrices; elle accueillait mes paroles par de grands éclats de rire. En ce moment le jeune officier prussien se rendit au piano, une dame se plaça sur le tabouret pour l'accompagner; il chanta

L'ANDALOUSE.

Connaissez-vous mon Andalouse ?
Une Andalouse au teint bruni, etc.

Sa tournure distinguée, sa noble figure, ses beaux cheveux blonds, l'expression animée de sa voix produisirent un effet magique; on applaudit à outrance, on cria bis... bis... Il chanta une seconde fois le dernier couplet. Après lui se présenta une dame, pâle, le visage à moitié enseveli sous de longs cheveux noirs; elle chanta d'une voix mélancolique la romance du *Saule*. De la poésie de feu de l'*Andalouse*, nous passâmes à la sombre poésie de Shakespeare. Les habitués du salon auraient préféré une musique et une poésie plus colorées. On forma des quadrilles; j'invitais ma jolie voisine, dont la passion pour le quadrille de Musard était si vive. La danse fut ébouriffante d'entrain et de gaieté. Après le quadrille on fit circuler un plateau chargé de verres de vin de Champagne. Ce vin acheva de me faire perdre la raison; ma tête était tellement exaltée que je me serais livré aux plus étranges folies. Je n'avais pas de défense contre tant de séductions. Des femmes aimables, spirituelles, des actrices vêtues avec une grande élégance, une sorte de familiarité qui m'était inconnue... Il n'y avait pas de résistance possible. Pauvres pères de province qui vous imposez mille privations pour amasser de l'argent que vos fils vont ensuite dépenser dans ces gouffres qu'on appelle les tripots de Paris.

Le marquis réclama le silence. Il annonça que M. de Wemuller, le jeune officier prussien, le chanteur de l'*Andalouse*, allait exécuter avec mademoiselle Saint-Hilaire, l'actrice du Gymnase, la valse infernale de Méphistophélès, illustrée par Frédéric Lemaître et par Saint-Léon. Deux dames se rendirent au piano. Un jeune homme qui jouait du cornet à piston se plaça à côté d'elles. La valse commença à quatre mains avec accompagnement du cornet à piston. Deux rideaux s'entr'ouvrirent; le bel officier apparut tenant mademoiselle Saint-Hilaire sous son bras et l'autre suspendu sur la tête de la valseuse. Mademoiselle Saint-Hilaire avait revêtu le costume classique de Marguerite. Elle était adorable sous sa coiffure allemande. L'effet produit par la musique et les valseurs fut prodigieux. L'expression de la belle et douce figure de mademoiselle Saint-Hilaire, son costume, sa taille souple et ravissante, son abandon sur les bras de son cavalier, la beauté du jeune officier, offraient une scène du plus haut intérêt.

On fit de nouveau circuler des plateaux chargés de verres de punch. — Commandant, disais-je à M. de Saint-Lambert, en passant ma main dans la touffe de mes cheveux : j'ai du feu dans le sang, mon imagination est en délire! toutes ces femmes sont belles! — Mon ami, me répondit-il froidement, je veille sur vous; n'oubliez pas que vous êtes dans un tripot de la haute volée. Tout à coup deux panneaux de mur s'entr'ouvrirent, une longue table de jeu s'allongea. Elle était couverte d'un tapis vert, dans le milieu s'élevait un jeu de roulette. Le marquis se plaça à la tête de la table. Il découvrit une corbeille remplie de pièces d'or. Il s'arma d'un petit râteau. Chacun se plaça autour de la table. — Mesdames, messieurs, dit-il, faites vos jeux; les jeux sont faits, rien ne va plus! La roulette fut mise en mouvement; j'avais placé vingt francs sur la rouge.

En ce moment, mademoiselle Saint-Hilaire, qui avait conservé son joli costume de Marguerite, s'approcha de moi, appuya gracieusement son bras sur mon épaule, se pencha et s'éventant doucement : — Voulez-vous faire, me dit-elle, une association fraternelle? Fournissez les capitaux, je fournirai le bonheur. — Va pour l'association, lui dis-je, j'accepte. On a remarqué que ceux qui jouent pour la première fois à un jeu de hasard gagnent presque toujours.

Je gagnai quatre fois de suite. — Ne tentons pas davantage la fortune, dis-je à ma jolie partenaire, notre bénéfice s'élève à cent soixante francs, ils sont à vous. — J'accepte, dit-elle; cet argent servira à m'acheter un mantelet Graziella. La partie s'engagea sur toute la ligne; le jeu paraissait prendre une vive animation, lorsque le marquis se leva et parut très-ému. — Chut! dit-il, on sonne; c'est la police qui vient nous rendre visite. En une minute la table disparut dans les panneaux du mur, emportant tout l'or qui était sur le tapis. Le piano retentit de ses sons les plus bruyants, les joueurs et les dames se précipitèrent dans une polka furibonde. La porte du salon s'ouvrit, le commissaire parut accompagné de son secrétaire. Deux sergents de ville restèrent à l'entrée. Il traversa lentement le salon, jetant ses regards à droite et à gauche. A son aspect la danse avait cessé. En passant devant le marquis il sourit, et dit : — Je vois bien les délinquants, mais je ne vois pas le corps du délit. Il visita encore la salle à manger. En rentrant au salon, il fit signe qu'il voulait parler.

— Messieurs, dit-il, il existe dans cette maison un jeu de roulette. Je le sais; on l'a fait disparaître dans une cachette qui m'est inconnue. Je ne sortirai pas qu'elle ne soit découverte. Mes recherches peuvent être longues, nous allons commencer de suite le procès-verbal, vous donnerez vos noms et vos adresses, sauf à vous représenter plus tard si la justice vous réclamait. Inutile de vous rappeler qu'on s'exposerait à un procès personnel et correctionnel si on mentait à la justice. Seulement je fais mes réserves contre M. le marquis de Riocourt et M. le comte de Sauvigny, l'un et l'autre sont en récidive.

Le secrétaire se posa à une petite table, écrivit nos noms, qualités et prénoms. Ce dénoûment, sur lequel je ne comptais pas, fit envoler ma joie. J'étais un peu honteux. — Eh bien! dis-je au commandant quand nous fûmes dans la rue, que penser de tout cela? — Mon cher, dit M. de Saint-Lambert, ces lieux sont la première étape du crime. On peut les fréquenter à mon âge, parce que je suis inaccessible aux passions. Au vôtre, c'est dangereux. J'ai voulu, comme à Lacédémone, vous montrer les esclaves ivres, afin de vous inspirer l'horreur du jeu.

CHAPITRE V.

LE BAL DE L'OPÉRA.

Le bal de l'Opéra est une de ces petites horreurs que l'on tolère parce que nous vivons dans un siècle d'argent. L'administration comprend très-bien le mal qu'elle fait en livrant cette magnifique salle à ce peuple de truands, qui se fait un jeu de la profaner sur toutes les coutures. Que voulez-vous? la subvention ne suffit pas. Sans les bals masqués, l'Opéra serait fermé. Il faut donc permettre cette école de mauvaises mœurs. Dans une société vieillie la corruption a tant de puissance qu'on lui ouvre les portes à deux battants. On lui donne des fêtes éclairées à jour, des orchestres ravissants, c'est une nécessité sociale.

Autrefois les bals de l'Opéra étaient fréquentés par la bonne compagnie. Les dames du grand monde, les bourgeoises de qualité s'y montraient sous les dominos les plus élégants. On y nouait de mystérieuses intrigues. Les dames d'aujourd'hui n'avouent pas le bal, elles s'y glissent en curieuses; comme Louis XV, elles veulent voir de près ces amours de mauvaise compagnie, la licence sous les formes les plus débraillées. On les reconnaît à la fraîcheur de leur domino, à ce bout de dentelle qui s'échappe sous la manche de soie, à un flacon à tête d'or tenu par une main bien gantée, à leurs lèvres de roses au bord d'un masque de velours noir. Elles n'y cherchent pas des aventures, elles en connaissent le danger. C'est simplement une débauche des sens, une sorte d'initiation à cette corruption des mœurs. La vraie population des bals de l'Opéra est celle des lorettes, des ouvriers, des garçons tailleurs, la race la plus pervertie des ouvriers de Paris, des garçons coiffeurs, des étudiants de première et seconde année, des jeunes gens de province, des viveurs, enfin la fleur des pois de la plus mauvaise compagnie.

Presque tous les jeunes gens qui viennent à Paris comme étudiants subissent cette épreuve; par entraînement ou par goût, ils font leur entrée dans ce foyer dangereux. L'épreuve doit durer une année; si l'année suivante elle se renouvelle, le jeune homme est perdu. Il fait une maîtresse, il vit avec elle, la conduit chez les restaurateurs. Il devient fumeur, joueur de billard, enfin il jette l'anneau d'alliance qui l'unit à la famille et à la bonne société; désormais sa position sociale la plus élevée sera celle de clerc d'huissier, de second clerc d'avoué ou de chef de comptoir dans une maison de nouveautés. Musard est le roi qui règne dans cet empire. Seul il reste debout. Vingt générations se sont écoulées depuis qu'il tient le sceptre de ce bal. Qui pourrait dire le nombre de débardeurs des deux sexes, des canotiers, des pierrots, des pierrettes qui ont paru et disparu sous cet archet diabolique! Hélas! ce peuple jeune, fantasque, grivois, spirituel, effronté, ignoble et de bon goût, se fond sous la main du plaisir et se retrouve plus tard sur un lit d'hospice. Dans ce séjour, il n'y a pas un plaisir qui, en apparence, ne coûte bon marché, et qui plus tard ne coûte très-cher. A un jour inévitable, il a son terrible quart d'heure de Rabelais.

On donnait le sixième grand bal masqué. A minuit, nous entrâmes dans cette vaste enceinte. Du haut de l'escalier qui domine le bal, je jetai un regard sur cette foule bariolée de toutes les couleurs, sur ces lustres resplendissants de lumière, je fus ébloui. — Avant tout, me dit le commandant, il nous faut une loge où je puisse m'asseoir et dormir, c'est mon emploi; quant à vous, vous aurez votre liberté. Une pièce de deux francs à l'ouvreuse nous fit obtenir deux places aux premières loges.—Maintenant, reprit-il, descendez dans cette arène satanique, voyez de près ce monde-là; vous reviendrez ensuite me rejoindre : cette loge sera le quartier général.

Je descendis dans l'enceinte du bal, vêtu en bourgeois, le chapeau sur l'oreille. Les quadrilles se formaient. Je ne dansais pas; j'étais évidemment de trop, au milieu de cette cohue de masques; je recevais force bourrades. A chaque pas c'était une querelle. Enfin j'arrivai à l'extrémité de la salle, sous le chef d'orchestre. Un prélude foudroyant de grosse caisse, de cymbales et de cornets à pistons, annonça que le quadrille allait commencer. En effet la foule se divisa par carrés, partit, bondit et se livra aux plus incroyables fantaisies. Le sergent de ville était absent de cette partie de la salle; je pus voir à mon aise le dévergondage des danseuses, l'appel à toutes les impudicités, la profanation de sa personne, un raffinement de gestes très-significatifs pour ceux qui savent les comprendre.

C'était le sublime du genre!

Après le quadrille, je traversai une seconde fois la foule; je fus me placer au bas de l'escalier, en ayant soin de m'effacer pour laisser la circulation libre. Précisément à côté de moi, j'aperçus un domino bleu céleste, masque de velours noir, rubans bleus, les mains parfaitement gantées, un bracelet d'or qui apparaissait sous la manche de soie. La fraîcheur du costume indiquait une femme du monde. Je me hasardai à lui adresser la parole. — Beau masque, lui dis-je, il y a longtemps que je t'admire; regarde-moi donc, que je sache si tes yeux sont aussi jolis que ta personne me paraît ravissante. Le domino bleu se retourna, et je pus voir, malgré son masque, deux yeux dont l'éclat semblait indiquer la jeunesse et la beauté.—Tu n'es pas de Paris? me dit le beau masque. — Non, répondis-je; mais, sans être de Paris, j'ai assez d'esprit pour deviner que tu es une femme charmante. — Mon cher, reprit le masque, si tu devines tout cela, c'est que tu es un bon garçon, et je vais te donner un conseil. Va te coucher, cela vaudra mieux que de t'adresser à des masques qui se moqueront de toi; adieu. Le domino disparut.

Le conseil était impertinent; j'avoue même que ces paroles affaiblirent un peu le désir que j'avais de parler à ces jeunes et beaux masques, à la taille cambrée, au bonnet sur l'oreille, aux cheveux poudrés, aux larges ceintures, qui défilaient devant moi. Malgré cette impertinence, je résolus de faire la chasse à mon domino bleu. De nouveau, je me frayai un passage dans la foule; je crus l'apercevoir à côté de la première loge de l'avant-scène; c'était une Suissesse en corsage bleu. Tout à coup l'orchestre éclata comme un tonnerre; il préludait au branle-bas de cette danse infernale qu'on nomme *le galop*. Le cri des masques, les hourras qui se firent entendre m'étourdirent. Bientôt cette masse immense s'ébranla, partit, et s'enroula autour de cette vaste salle. Les tambours et les trombones sonnaient comme au jugement dernier. Ce fut un coup d'œil fantastique, la joie des enfers, une orgie sans frein, une averse d'hommes et de femmes. En ce moment, du milieu de cette foule, un masque me cria : — Eh! Montagny, viens donc avec nous! Au même instant, je fus saisi par un débardeur et un postillon; ils me lancèrent à toute volée. La fièvre s'empara de moi; je pris mon petit débardeur par la taille, et me voilà parti à fond de train, suivant la foule et mêlé à ce galop furieux.

La tête de la colonne montante s'arrêta un instant : vingt à trente masques firent la culbute; j'eus le bonheur de les franchir sans la faire moi-même. Le galop cessa au milieu d'un nuage de poussière; chacun regagna sa place en s'éventant le visage. J'allais entrer dans ma loge, lorsque je revis mon joli domino bleu donnant le bras à un autre domino. J'abordai ces dames, et les engageai à venir se rafraîchir. Elles acceptèrent gracieusement : ces dames consommèrent beaucoup. Le masque resta sur le visage; la mentonnière fut soulevée; je pus admirer la blancheur de la peau, la fraîcheur de son coloris, des dents de perle; je n'en vis pas davantage.

Nous fûmes nous asseoir sur un canapé. Là je fus, sans m'en douter, soumis à la question ordinaire et extraordinaire; toutes ces questions furent habilement posées. On cherchait à deviner si j'avais de l'argent, qui j'étais, et si j'étais libre. — Ma chère, lui dis-je, à Paris et au bal de l'Opéra, tous les jeunes gens sont nobles et riches. Je suis plus franc. Mon père est propriétaire dans le Gâtinais. Je suis venu à Paris pour y passer un mois, y dépenser de l'argent et partir. Dès que ma bourse sera vide, retour au pays et adieux éternels à la semaine des amours. Je t'ai vue; tu me plais, je t'aime : me veux-tu pour ton mari de huit jours?

Le domino bleu se leva. — Ne me suis pas, dit-elle, tu m'offenserais ; mais lundi, à neuf heures du soir, attends-moi place Vendôme. Adieu. Elle me serra la main et partit. Je fus rejoindre le commandant, le cœur plein de joie. Je lui racontai les aventures de la nuit, le galop infernal, la rencontre du domino bleu, le rendez-vous pour le lendemain du dimanche. — Vous pouvez, s'écria-t-il, proclamer la devise de César, mais prenez garde aux sirènes de Paris : elles sont aussi attrayantes que celles de l'antiquité; elles n'en veulent pas à la vie, mais à la bourse.

CHAPITRE VI.

MES PREMIÈRES AMOURS.

Le lundi, à neuf heures du soir, j'étais en faction au pied de la colonne de la place Vendôme. Je réfléchissais qu'on aurait pu choisir un lieu moins exposé à l'impétuosité des vents. La pensée qui me préoccupait était le rendez-vous de mon joli domino. Mes regards allaient de droite à gauche, cherchant à deviner mes futures amours. Déjà le découragement envahissait mon cœur, lorsque j'aperçus une femme vêtue très-simplement; elle s'approcha de moi, et me demanda si je n'étais pas le jeune homme du bal de l'Opéra, qui devait attendre une dame dont le domino était couleur... — Bleu céleste, répondis-je. — Monsieur, reprit-elle, la personne qui vous a promis de se rendre ici appartient à une famille respectable : la crainte de se compromettre ne lui permet pas de consentir à vous recevoir.

Vous comprenez, on ne s'expose pas ainsi avec le premier venu. Vous avez les apparences d'un honnête homme, mais les apparences sont si trompeuses ! Vous plaisez beaucoup à madame ; un rendez-vous, c'est très-grave. Elle m'a donc priée de venir vous exprimer ses regrets d'avoir accepté ce rendez-vous ; elle refuse de vous recevoir.

Je mis une certaine vivacité à lui dire que j'étais un honnête provincial tout à fait incapable de la compromettre. Après avoir plaidé pendant dix minutes ma cause, je songeai enfin à la clef d'or. Je pris une pièce de vingt francs dans ma bourse, et la glissai dans la main de la confidente : au premier contact de l'or, toutes les résistances s'évanouirent.

— Puisque c'est ainsi, soyez discret, monsieur, et suivez-moi. Elle prit la direction de la rue Neuve-des-Petits-Champs.

En la suivant à quelques pas, je pensais à ces impôts subalternes auxquels on est toujours exposé à Paris ; je m'en consolai en songeant que tant de précautions indiquaient évidemment que j'allais me trouver en présence d'une grande dame. — O Paris, ajoutai-je doucement, pays des mystérieuses amours, pays de plaisirs qu'on cueille sous sa main comme les roses dans un jardin, Paris mes amours, voilà donc un des rêves de ma jeunesse qui va s'accomplir !

A la hauteur de la rue de Richelieu, la dame

tourna à gauche, suivit la rue, et s'arrêta en face d'un magasin de modes. Elle y entra. J'entrai après elle. J'aperçus trois demoiselles de comptoir ; l'une montait un bonnet, les deux autres des chapeaux. Ma présence les fit légèrement sourire. La dame entr'ouvrit un rideau qui laissait apercevoir un escalier pratiqué dans le fond du magasin. Je la suivis à l'entresol ; une porte s'ouvrit, je me trouvai dans un vaste salon. — Attendez un instant, me dit-on, je je vais vous annoncer. Une lampe couverte d'un globe d'albâtre jetait une douce lumière sur l'ameublement, mais les marquises et les comtesses s'étaient évanouies ; les têtes de carton coiffées de bonnets et de chapeaux à moitié confectionnés ne permettaient pas la moindre illusion : j'étais chez une marchande de modes. Une porte s'ouvrit : — On vous attend, me dit la messagère des amours. J'entrai dans un chambre très-élégante. J'aperçus assise sur un canapé une jeune dame ; à ses côtés était une petite fille jouant avec sa poupée. A la vue de la mère et de la fille, je restai interdit. Mon aventure se résumait en une jeune mère douée d'un embonpoint un peu prononcé, de l'âge de la femme abandonnée, environ trente ans.

— Mon Dieu ! monsieur, me dit-elle, si j'en juge par les apparences, vous paraissez surpris ; je ne suis pas la femme que vous avez rêvée ; une mère de famille remplace le joli domino bleu du bal de

l'Opéra. Cela s'explique difficilement, convenez-en?
— A vous dire vrai, madame, rien n'égale ma surprise, non que votre beauté ne surpasse encore l'idée que je m'en étais faite, car vous êtes vraiment jolie. Mais, pardonnez-moi, j'habite la province, et, peu habitué aux manières de Paris, comment voulez-vous que je m'explique le rendez-vous que vous m'avez fait la faveur de m'accorder ? — Julie, ma chère enfant, voici l'heure de te coucher : ta bonne t'attend. La jeune dame sonna ; une servante parut.
— Couchez Julie, dit-elle ; je n'y suis pour personne... Elle baisa sa fille au front ; nous restâmes seuls.

Me voyant si promptement en tête-à-tête, je compris de suite ma position : c'était le dénoûment d'une aventure vulgaire, une marchande de modes ne s'effrayant pas de l'amour d'un jeune homme qu'elle n'avait jamais vu. Je tombai dans cette galanterie banale si connue des voyageurs du commerce. Cependant elle était jolie, sa mise d'une simplicité extrême et d'un goût parfait.

Je me mis sur mes gardes ; et je me dis brutalement, en vrai provincial : — Voyons-la venir.

— Monsieur, me dit la jeune femme, vous avez été surpris de me trouver avec ma fille, vous allez l'être bien davantage des aveux que je vais vous faire. — J'écoute, madame, lui répondis-je froidement. Elle reprit : — Je suis mariée, mère de famille ; mon commerce prospère ; j'ai une clientèle nom-

3.

breuse, et personne au monde n'éprouve une horreur plus profonde que moi pour la galanterie. Je vous ai vu au bal de l'Opéra, vous êtes étranger, vous quitterez bientôt Paris. Un air de franchise répandu sur vos traits m'a séduite ; j'ai pensé que vous serviriez admirablement mes projets : j'ai jeté les yeux sur vous, confiante dans votre courage et votre loyauté. Elle s'arrêta... Je rapprochai ma chaise pour mieux entendre ses paroles, qui excitaient au plus haut degré ma surprise.

— Vous êtes un homme de province, ajouta-t-elle, vous ignorez les bas-fonds de cette vie de Paris, vous n'en voyez que les superficies. Mon cher Monsieur, dans chaque famille, il y a une blessure plus ou moins profonde, et personne qui ne soit obligé de tirer le rideau devant l'étranger, sur ce qui se passe dans son intérieur. Ma position, ajouta-t-elle en levant les yeux au plafond, est bien douloureuse. Je me suis mariée à vingt ans, en voilà bientôt sept que j'ai fondé ce magasin de modes; il a toujours prospéré. Mon mari était employé chez un architecte; ses appointements et mes bénéfices nous permettaient de mettre chaque année une somme assez importante de côté. Il est arrivé qu'un jour il a pris un dégoût pour son état ; il a perdu son emploi. Désœuvré comme un homme qui ne sait que faire de son temps, il a pris pour maîtresse la première demoiselle de mon magasin; il passe la matinée avec elle ; le soir, il va à l'estaminet. Le mari et la demoiselle sont à ma charge. Il faut que je me préoccupe avec beaucoup d'activité de mes affaires pour entretenir Monsieur et sa maîtresse. Cette vie est affreuse ; j'ai senti mon cœur envahi par le besoin d'une vengeance : pourquoi donc ne lui rendrai-je pas humiliation pour humiliation, outrage pour outrage? Si la crainte de déconsidérer ma maison, de la perdre par un éclat, ne me retenait pas, j'aurais déjà chassé cette jeune fille et demandé une séparation judiciaire. Mais ces procès ont un grand retentissement. Je préfère souffrir sans me plaindre. Elle se mit à pleurer.

En voyant ses larmes : — Madame! m'écriai-je, si vous avez besoin d'un défenseur! — Non, reprit-elle, en me tendant la main, non, mais d'un ami. Je pris sa main dans les deux miennes, et je l'embrassai. Une révolution subite s'était opérée en moi ; d'une méfiance extrême, j'étais passé au sentiment le plus confiant. Je me trouvais en présence d'une femme jeune, belle, mariée, jalouse, voulant se venger. C'était l'idéal du bonheur pour une imagination neuve et avide de plaisir. Elle me fit asseoir à côté d'elle, et me raconta longuement ses malheurs. Tout cela mêlé à des questions sur ma personne et ma position. J'allais à elle le cœur ouvert; de suite elle prit une large part dans mon affection; je lui demandai ce que je pouvais faire pour elle : —

Soyons amis, me dit-elle ; plus tard, nous verrons.

A onze heures, elle me pria de partir. C'était l'heure où son mari revenait de l'estaminet. En m'accompagnant, elle me dit encore en me tenant la main : — Demain, venez me voir de neuf à dix heures du soir, je suis seule. Adieu, adieu, mon ami !
— A demain, lui dis-je ?

La semaine entière s'écoula ainsi. Chaque soir, j'allais m'asseoir à ses côtés sur un divan. Elle me racontait les amertumes de sa vie, ses peines, le désir de sortir d'une position qui, chaque jour, devenait plus intolérable. Lorsque, emporté par le sentiment qu'elle m'inspirait, je lui demandais des preuves de son amour, elle me répondait : — Mon ami... attendez ; accordez-moi le temps de me faire à cette pensée qu'on oubliera ses devoirs, mon titre de mère ; attendez...

Enfin ce jour heureux qui devait couronner mon amour arriva. Je fus au rendez-vous du soir. La dame de confiance était seule. Quand je lui demandai des nouvelles de Madame, elle me répondit : Elle est sortie. Cette réponse me causa une vive contrariété. Pendant que, soucieux et attristé, je regardais la vieille femme, il me sembla qu'un sourire moqueur apparaissait sur son visage. Je me rappelai que je lui avais donné vingt francs pour obtenir l'adresse du domino bleu. Je fis cette sage réflexion qu'en donnant vingt francs encore j'apprendrais beaucoup de choses qu'il m'était intéressant de connaître. Je me rapprochai d'elle, je fis briller une pièce d'or, et lui dis : — Elle est à vous; dites-moi la vérité sur votre maîtresse?

— Tenez, Monsieur, me répondit-elle, ça part malgré moi ! On vous trompe indignement. Madame n'a pas de mari ; cet enfant n'est pas à elle ; et quant à son commerce, celui de marchande de modes n'est pas celui qui lui rapporte le plus. C'est une intrigante ! — C'est bien ! m'écriai-je; voilà vingt francs. Adieu, je ne veux pas en savoir davantage.

Je rentrai à l'hôtel, la fureur et le désespoir dans le cœur.

On me remit une lettre, elle était ainsi conçue :

« Monsieur et excellent ami,

« Demain 28 janvier, j'ai à payer un billet de quinze cents francs. J'ai fait présenter hier à madame la duchesse de Ruffignac, ma meilleure cliente, son mémoire. Elle était indisposée. Elle m'a fait prier d'ajourner le payement au premier jour du mois prochain. Vous comprenez mon inquiétude ; je comptais qu'elle acquitterait son compte et que cet argent serait employé à payer mon billet. Si demain je ne peux pas me procurer cette somme il sera protesté, mon crédit compromis, et ma position deviendra plus grave. Je venais donc vous supplier de me prêter quinze cents francs, que je vous rembourserai au dix du mois prochain. Faut-il vous dire que la reconnaissance que j'éprouverai pour vous n'aura pas de bornes; ami, je n'aurai rien à vous refuser. J'attends la réponse ce soir, seule, à dix heures.

« Adieu, à la vie pour vous,

« Sophie B. »

Je fis la réponse suivante :

« Chère Madame,

« Vous êtes une femme adorable, vous avez beaucoup d'esprit, mais vous en avez fait un mauvais usage. Un mot imprudent a jeté une vive clarté sur vos ridicules intrigues, à propos d'un pauvre provincial comme moi. Je bénis le ciel qui n'a pas permis que je pusse faire pour vous des folies dont j'aurais éprouvé un repentir amer. Cette semaine des amours a formé mon expérience, merci, mille fois. Faites part de ma lettre à votre prétendu mari; donnez des baisers de mère à la petite fille de votre voisine; mes respectueux hommages à madame la duchesse de Ruffignac, votre meilleure cliente. Je suis bien reconnaissant de ce que vous vouliez m'accorder, ce que je ne vous demande plus aujourd'hui;

« Votre obéissant serviteur,

« Michel Montagny. »

Huit jours après cette séparation, je la rencontrai sur le trottoir de la rue Vivienne. Il pleuvait, nos parapluies s'enchevêtrèrent; il fallut quelques efforts pour les séparer. Un instant, nous fûmes visage contre visage, main contre main. Ses yeux lancèrent des éclairs. Je reçus sans sourciller cette décharge électrique. Cependant elle eut encore le temps de me jeter ce mot : — Impertinent!

CHAPITRE VII.

RICHARD. — DÉJEUNER A BERCY.

Lutèce, cette contemporaine de Rome, est pleine de sujets attrayants. Il y a dans Paris des richesses inconnues à la plupart des Parisiens. Les musées renferment des curiosités de tous les pays du monde. La Grèce, l'Égypte, la Chine elle-même ont fourni leur contingent de mille objets d'art. Chaque matin, je parcourais Paris dans sa largeur et dans sa profondeur. J'allais visiter les jeunes églises et les vieilles cathédrales, ces vieux témoins de la foi de nos pères. J'allais au Musée du Louvre, à celui du Luxembourg, à l'hôtel de Cluny. J'avais des permis pour visiter les châteaux impériaux. La Bibliothèque de la rue de Richelieu avait beaucoup d'attraits pour moi ; j'y passais régulièrement une heure tous les jours : studieusement assis autour d'une table verte, je me livrais au plaisir de l'étude. Mes auteurs favoris étaient les philosophes et les historiens.

Après la Bibliothèque, ce qui m'offrait le plus vif intérêt, c'était le théâtre. J'aimais avec passion cette distraction, qui donne du plaisir sans peine. Nous vivons à une époque où les esprits sont positifs, avides de bien-être et de richesses; cependant le plaisir n'est pas ce qui préoccupe exclusivement le Parisien; il possède cet heureux privilége de se livrer à ses plaisirs et à ses affaires. Tout en cultivant les intérêts du comptoir, il est ami des beaux-arts, de la peinture, de la musique, et de la bonne littérature. Il cause avec autant de facilité sur les tableaux de nos peintres célèbres, sur les célébrités musicales, sur les productions des poëtes que sur la Bourse et les denrées coloniales. Ses appréciations sont sans doute superficielles, mais dans ce bienheureux Paris, on trouve des opinions toutes faites sur tous les sujets possibles, ce qui permet d'avoir de l'esprit sans se donner beaucoup de peine pour l'acquérir.

Je revenais un jour d'une séance de l'Institut, lorsque je rencontrais sur le pont des Arts le conducteur Richard. — Eh! c'est vous, monsieur Montagny, me dit-il; hier, j'étais à Montargis, la diligence s'est arrêtée à la Croix d'Or. J'ai vu monsieur votre père, il paraît bien mécontent de vous. Voilà deux mois que vous avez quitté Montargis; vous lui avez écrit une fois. Le cher homme ne comprend pas une si longue absence. Ma parole d'honneur! vous voilà tout à fait à la mode; vous êtes un vrai lion, comme disent les commis-voyageurs. Est-ce que vous ne retournez pas bientôt au pays? — Mon cher ami, répondis-je à Richard, je profite de mon congé, je ne suis pas pressé d'aller reprendre la casquette et la veste blanche. Paris est une si bonne ville! la vie y est si douce! Montargis est si triste! Cependant dans un mois, j'espère rentrer sous le toit paternel. — Cela ne fera pas l'affaire du papa Montagny, reprit Richard; il comptait que je vous ramènerais samedi. — Je ne suis pas si pressé que ça. — Comme il vous plaira, monsieur Michel. En attendant, voulez-vous me faire l'honneur d'accepter à déjeuner à Bercy, au Grand-Marronnier, demain, à dix heures? nous boirons ensemble une vieille bouteille de Fleury. — J'accepte, lui dis-je, à une condition : j'ai un ami, le commandant Saint-Lambert, je n'ai qu'à me louer de son amitié et de ses conseils, il serait très-sensible à une invitation. — Va pour le commandant, mais sans cérémonie. Demain, à dix heures, quai de Bercy, au Grand-Marronnier, heure militaire. — Convenu.

Le lendemain, à dix heures, nous étions à table, dans la salle du premier étage. Chère excellente, vins parfaits. Les conducteurs de diligence sont comme les marins, quand ils mettent pied à terre, ils font bien les choses. Tout en buvant à pleins verres, Richard se plaignait du tort immense que les chemins de fer ont fait aux diligences. — Tous les services sont démontés; les maîtres de poste, les maîtres d'hôtel, les aubergistes se trouvent ruinés par cette concurrence redoutable, et moi-même je suis menacé d'être mis à pied par la suppression du service de Paris à Lyon. — Mon cher monsieur, dit le commandant en souriant, ce n'est pas du point de vue des conducteurs de diligences qu'on met à pied qu'il faut juger les chemins de fer; c'est au point de vue des intérêts généraux, de la nécessité de soutenir une concurrence étrangère par les transports rapides et à bon marché. Avec votre système, vous n'arriveriez jamais à aucun progrès, vous resteriez en route, et pour un conducteur...

Richard parut piqué de la leçon que lui donnait le commandant. En ce moment, cinq ouvriers déjeunaient à côté de nous. A propos d'une discussion politique, l'un d'eux était arrivé à un tel paroxysme de fureur, qu'il s'écria : — Je vous dis, moi, que nous sommes des instruments dont se servent quelques ambitieux pour arriver au pouvoir, et qu'ils brisent ensuite comme je brise cette assiette. En disant ces paroles, il prit une assiette et la brisa sur le plancher. — Tu es un imbécile! s'écria son camarade. Tu fais toujours cause commune avec les bourgeois. Si nous avons un peu de bien-être aujourd'hui, à qui le devons-nous? Aux camarades qui se sont fait tuer sur les barricades! Tous les droits que nous avons acquis, toutes les concessions qu'on nous a faites, n'ont été accordés qu'à la révolte. Sois donc de ton parti; tu portes une blouse, reste avec les blouses. En ce moment le maître du restaurant parut, et fit comprendre en peu de mots à ces ouvriers le danger d'une telle discussion; ils se hâtèrent de payer la carte, l'assiette cassée, et ils partirent.

Le commandant suivit d'un regard courroucé les ouvriers, puis se retournant vers Richard : — Jamais, s'écria-t-il, on n'obtiendra la paix en France, si on ne soumet pas la classe ouvrière à une discipline rigoureuse. Il faut qu'une main de fer pèse sur cette partie de la population. N'est-il pas ridicule d'entendre des ouvriers tenir un pareil langage, rompre de gaieté de cœur cette unité qui fait notre force, et se mettre en révolte ouverte contre les classes supérieures? Grâce à cet esprit d'envie et de désordre, la France est exposée à perdre en Europe cette suprématie qui lui appartient par sa population, son armée, son intelligence, ses richesses et l'homme de génie qui la gouverne aujourd'hui. Voilà les fruits amers qu'a produits la liberté pendant trente ans. Du haut de la tribune, elle a épanché sur les classes ouvrières les plus fausses doctrines; elle a perverti le sens moral du peuple et affaibli son patriotisme : il est arrivé à un tel degré de perversité, qu'aujourd'hui la condition de son existence, de son bien-être, de son retour à la moralité, c'est le despotisme. (Richard fit un mouvement de surprise.) Écoutez-moi, dit le commandant ; voyez quelle admirable armée nous possédons, sa discipline et son dévouement. Elle n'a méconnu aucun de ses devoirs ; elle a été l'appui le plus solide de l'ordre, de la famille et de la propriété. Voyez le clergé, la magistrature, les académies, les instituts, les écoles, les colléges, tout ce qui est soumis à une discipline quelconque : à quelques rares exceptions, chacun a rempli son devoir. Pourquoi la masse du peuple, la classe ouvrière, ne serait-elle pas disciplinée ? Soldat, je ne connais rien de beau comme la discipline ; elle fait la puissance des armées, comme elle fait la sécurité du peuple. Les crimes de la liberté n'indiquent-ils pas qu'il faut une force régulière et vigoureuse pour régénérer une société qui a pu produire dans nos départements des armées de cinq et six mille bandits ? La liberté, dit-on, c'est le progrès. Dans les temps anciens, la liberté a commis les mêmes crimes que le despotisme. Elle a exilé Aristide, elle a fait mourir Phocion. A Rome les Gracques furent de vrais tyrans. Dans les temps modernes, elle a créé des hommes encore plus exécrables. Robespierre, Danton, se sont baignés dans le sang au nom de la liberté, et de nos jours, c'est encore en son nom que des monstres se sont souillés de crimes. Est-ce que notre pays est assez éclairé et assez calme pour jouir de ses bienfaits? En France, la liberté conduit inévitablement au despotisme. Le peuple français ne sait pas se renfermer dans de sages limites; il faut qu'il les franchisse. Sans religion et sans patriotisme, peut-il être libre? Certes, je ne m'oppose pas à son affranchissement, mais après avoir aussi tristement expérimenté la liberté, je reviens au despotisme. Le principe conservateur doit l'emporter. D'ailleurs, qu'est-ce qu'une liberté qui ni laisse ni repos ni travail, et nous fait mourir de faim? Est-ce que Rome ne fut pas plus puissante sous ses dictateurs que sous la démocratie? la France sous Louis XIV et Napoléon, que sous la république de Robespierre et de Ledru-Rollin? Est-ce qu'il y a une prospérité possible dans un pays aussi turbulent que la France? La liberté est impossible!

— Permettez, mon commandant, lui dit froidement Richard, permettez. Vous avez passé votre vie dans les camps, vous aimez la discipline parce que vous avez compris sa force, mais la société ne peut pas être soumise aux mêmes lois qu'une armée. Sa discipline, à elle, c'est le Code pénal. Les articles du Code sont ses murs d'enceinte. Vouloir la soumettre à une règle quelconque, comme un colonel soumet son régiment, ou un évêque son clergé, cela ne peut pas être. Quelle est aujourd'hui la souveraine des temps modernes, la condition de vie des peuples?

l'industrie. A qui l'industrie doit-elle sa prospérité? à la science et à la philosophie. Que sont la science et la philosophie sans la liberté? rien. Nous serions encore aux maîtrises et aux jurandes, la puissance de la vapeur et les flammes du gaz nous seraient inconnues. C'est la liberté qui a transformé les vilains en citoyens. C'est elle qui a fait la société telle que nous la voyons aujourd'hui. Le progrès des lumières, la civilisation, les chemins de fer, l'industrie progressive, tous les grands bienfaits dont nous jouissons, nous les devons à la liberté. N'accusez pas les ouvriers de s'opposer à ce que la France se relève de ses ruines; les ouvriers, au contraire, ont une part glorieuse à réclamer dans les conquêtes de l'industrie. A l'exposition de Londres, dans ce magnifique Palais de cristal, si l'étranger s'arrêtait devant cet étalage de soixante mètres de façade où se déroulaient nos magnifiques soieries de Lyon, quelles mains avaient tissé ces étoffes? celles de l'ouvrier. Non-seulement les soieries, mais mille objets d'art, des instruments merveilleux, des machines, des chefs-d'œuvre dans tous les genres. Qui donc avait rendu ces immenses services à la patrie, en la plaçant au premier rang des nations industrielles? des ouvriers. Est-ce que vous croyez que la France n'est pas glorieuse des noms de Charrière, de Jacquart et de Grangé? ils n'étaient que de simples ouvriers. Et cette armée qui a rendu à la France l'immense service de la préserver d'une révolution sociale, et qui porte si glorieusement en Orient notre drapeau, où va-t-elle se recruter? dans le sein des populations ouvrières. Lorsque, dans un pays, une inquiétude générale se répand et paralyse tout, il est possible que la dictature s'élève au milieu des désordres de la liberté. Elle ne peut pas durer, c'est un poste périlleux. Quelque sage qu'on suppose un homme, il ne peut pas mettre sa volonté à la place de celle d'une nation. Mon cher commandant, l'empereur Napoléon avait dit un jour comme Louis XIV: L'État c'est moi! Il a expié à Sainte-Hélène ce mot trop célèbre. Louis XVIII que la France n'aimait pas, mais qui avait su poser des limites à son pouvoir, est mort, et sa dépouille mortelle est à Saint-Denis.

— Mon ami, répondit M. de Saint-Lambert, je ne nie pas les bienfaits de la liberté, mais je redoute ses dangers. Vos raisonnements se briseront toujours contre les faits. Qu'est-ce qu'un gouvernement qui peut livrer un pays à une armée de misérables et qui par amour de la liberté se serait soumis à ces hordes de sauvages? Vous proclamerez les grandeurs de la liberté, je vous parlerai de la nécessité de vivre et d'être heureux. Tous les gouvernements sont bons quand ils nous protégent de manière à ce que nous puissions vivre paisibles et faire vivre nos familles. Faisons de la réalité: la tranquillité, l'abondance, la prospérité, valent mieux que la liberté. Après ça, que vous dirai-je? Depuis l'origine du monde, les peuples sont soumis aux mêmes lois, la liberté parcourt toujours le même cercle, tour à tour victorieuse ou vaincue. Malheureusement pour l'humanité, la lutte n'est pas prête à finir.

Robert tendit la main au commandant, et lui répondit : — Nous ne nous convertirons ni l'un ni l'autre ; nous resterons fidèles à nos croyances, toujours amis, quand même ! — Mais, s'écria le commandant, comment se fait-il que vous, simple conducteur, vous vous exprimez avec l'expérience d'un homme qui a des connaissance sérieuses en philosophie et en économie politique?

— Cela s'explique très-bien, dit Richard ; j'ai été instituteur à Saint-Germain, président de club dans nos moments d'agitations politiques, mécanicien au chemin de fer du Nord, acteur au théâtre de l'Ambigu-Comique. Après avoir exercé ces diverses professions, je me suis décidé à aborder le positif de la vie ; je me suis fait conducteur de la diligence dite le Grand Bureau, ce qui me fait souvenir qu'il faut vous quitter à l'instant, mon devoir et ma bâche me réclament. Mais permettez-moi, avant de nous séparer, de vous embrasser pour vous prouver que la liberté n'a pas de rancune.

Le commandant et Richard s'embrassèrent comme de vieux amis. Il nous serra la main, et disparut.

CHAPITRE VIII.

LA VIE DE BOHÊME.

A Montargis, je me levais avant l'aube; à Paris, je me levais tard. J'avais cédé à l'influence des habitudes. Mon petit lever avait lieu à neuf heures. Une heure à ma toilette. Je descendais ensuite furtivement pour aller acheter un petit pain et la tranche de jambon; tel était mon déjeuner. J'aimais cette vie d'indépendance et même de privations. Si Paris avait un ciel bleu comme celui de l'Orient, si une brise tiède et embaumée soufflait sans cesse sur les boulevards, on ne rêverait pas un autre monde, on ne voudrait jamais quitter celui-ci.

Un matin, j'étais encore au lit, on frappa à ma porte. — Entrez! m'écriai-je. La porte s'ouvrit: Robert Duclos, le camarade de collége, celui qui m'avait emprunté cent francs au sortir d'un déjeuner, m'apparut! Ce que c'est que les honnêtes gens!

A sa vue, je fus extrêmement troublé; lui, au contraire, il était plein d'assurance. — Mon cher, me dit-il d'un air fort léger, je ne viens pas te rendre tes cent francs; c'est une bagatelle dont il ne faut plus parler. Un motif plus intéressant m'amène auprès de toi. — Mais si, au contraire, parlons de mes cent francs; je ne suis pas assez riche pour traiter cette somme de bagatelle. C'est un mauvais procédé de ta part, une surprise. Mes capitaux diminuent: cette somme m'aurait aidé à prolonger mon séjour à Paris. — Eh! mon cher, est-ce que l'argent manque jamais à un jeune homme qui possède un père propriétaire dans le Loiret, et qui lui-même est possesseur d'une jolie ferme? Ce qui est rare, c'est un véritable ami préoccupé de nos plaisirs. Je viens donc te faire une proposition séduisante. Ce soir, je veux te présenter chez mademoiselle Florine, actrice du théâtre des Variétés, jeune, jolie, spirituelle, et folle de son corps. — J'accepte, lui dis-je. — Je n'en doutais pas, reprit-il; cependant, je dois t'en prévenir, il y a une condition. — Laquelle? — Il faudra payer un punch, des glaces et autres petites friandises, des biscuits, du vin de Champagne. — Cela achèverait ma ruine, repris-je assez tristement. — Tu en seras quitte pour la bagatelle de vingt-cinq francs. J'ai fait la carte; je te garantis que la dépense ne s'élèvera pas au-dessus de cette faible somme. — Tu payeras la moitié. — Non, dit Robert, ce n'est pas l'usage ; je fournis l'actrice, l'esprit, la gaieté ; toi, l'argent. Je te préviens qu'elle est un peu moqueuse ; mais tu es un garçon d'intelligence, tu sauras bien te défendre. Mon cher, l'occasion est unique dans la vie d'un habitant de Montargis ; ne la laisse pas échapper. — Eh bien ! j'y consens ; mais c'est entendu, vingt-cinq francs. — Convenu, dit Robert. Il partit en m'annonçant qu'il viendrait me chercher à onze heures du soir.

A minuit, heure du retour des actrices, je me rendis avec Robert rue Montmartre : nous entrâmes dans un modeste appartement ; je me présentai à l'actrice avec l'aplomb d'un provincial. Mademoiselle Florine et son amie nous attendaient. Thérèse n'avait aucune prétention : plutôt laide que jolie, elle servait de cameriste à Florine. On avait allumé un bon feu et placé une table au milieu de la chambre à coucher. — Ah ça, dit Florine, remets le programme de notre consommation : Thérèse ira la commander au café de la Bourse.

Robert écrivit au crayon sur une carte les détails et les remit à Thérèse. Pendant son absence, on alluma les bougies. Je m'approchai de Florine, et lui fis des compliments sur son talent et sur sa beauté ; je lui dis qu'elle était plus jolie encore dans l'intimité que sur la scène. L'actrice souriait ; elle comprenait qu'elle était en présence d'un homme tout à fait étranger aux mœurs de la Bohême, ignorant les usages et les habitudes de ce monde si nouveau pour lui.

Bientôt un coup de sonnette très-vif se fit entendre; c'était le garçon du café. Il me remit la carte; elle se composait de deux bouteilles de vin de Champagne, un punch, quatre glaces à l'orange et fraises, quatre verres de vin d'Alicante, de biscuits, de cigares, le tout pour trente et un francs ! Cela dépassait de six francs les prévisions de Robert ; je fus très-heureux d'en être quitte à si bon marché.

Nous étions autour de la table, près d'un bon feu ; nous commençâmes par le punch et les cigares. Florine était délicieuse de gaieté et d'entrain. Elle avait encore son rouge du théâtre. Ses yeux étaient très-animés. Le laisser-aller de la conversation excitait mon imagination ; je m'enivrais de vin et des paroles que j'entendais. — Eh bien ! me dit Robert en allumant son cigare, que dis-tu de cette vie ? Elle a plus de charmes que celle de Montargis. A Paris on vit double : ici on sent la vie. Que dis-tu de cette jeune femme ? Il me montrait Florine, ce modèle de beauté. Vois-tu, sous ce rouge qui couvre ses joues, elle a des couleurs d'un rose pâle à faire envie aux roses des buissons ; ses beaux yeux expriment l'intelligence. Examine cette taille de nymphe : le Loiret tout entier ne produirait rien de comparable. Il prit la cuillère d'argent, et raviva la flamme du punch. A la santé de Florine tous nos verres se réunirent. — Eh bien ! mon cher, cette fleur de beauté n'a jamais voulu m'aimer ; mon amour n'était que de l'amour, et pour s'en faire aimer il lui fallait un tribut. Elle ne se prodigue pas ; elle connaît le positif de la vie.

— Halte là ! s'écria Florine. D'abord, oblige-moi de ne pas faire mes honneurs ; je n'aime pas à être sur la sellette : je pose seule sans le secours de personne. Mon cher, je donne mon amour à celui qui sait me plaire. J'ai des principes. Il y a deux choses que je préfère par-dessus tout, l'or et l'inconstance : l'or, parce qu'il fournit abondamment à toutes mes fantaisies ; l'inconstance, parce qu'il n'y a pas un homme qui mérite d'être aimé. Il me faut des amours d'un jour, des amours sans lendemain, qui vous jettent en passant de l'or et des fleurs, et qui disparaissent à l'horizon avant le retour de l'aurore.

— O triple infidèle ! s'écria Robert, voilà donc la morale qu'on apprend chaque soir devant la rampe de feu qui brille sous tes yeux ! Ces doux sourires, ces douces paroles s'épanchent de vos lèvres sans avoir passé par le cœur. En échange de l'amour qu'on vous donne, on reçoit des baisers faux comme le rouge qui vous couvre les joues ; on entend des paroles fausses comme les colliers de diamants qui brillent sur vos épaules ; et quand on s'est dépouillé pour vous, plus d'amour, pas un souvenir !

— Eh! mon ami, reprit Florine, si tu savais les secrets du cœur, son inconstance, avec quelle promptitude s'effacent les baisers de la nuit! Si les bijoux et les dentelles ne restaient pas, nous n'aurions que des regrets et des repentirs. Quand j'étais jeune...

— Quel âge as-tu donc? lui dis-je.

— Vingt ans, reprit-elle. Elle continua. A l'âge de l'innocence, je fus trahie. Cette trahison me révéla la perfidie des hommes. Depuis, je me suis dit : Je ne laisserai pas à un amant le temps de me trahir.

— Allons, tais-toi, dit Robert; on pense ainsi tout bas; ne nous ravis pas nos illusions.

— Oh! laisse-la parler, je t'en prie, m'écriai-je; elle est d'une franchise adorable.

— Mon pauvre ami, me dit-elle, en posant la main sur mon épaule, ne crois pas à mon ivresse; j'ai toute ma raison : verse-moi à boire un verre de Champagne. Elle le but tout d'un trait. — Ah çà, Robert, ajouta-t-elle, il faut que tu fasses ici ta confession : M. de Lamartine a fait ses confidences; Alexandre Dumas a fait ses mémoires; George Sand nous promet l'histoire de sa vie; raconte-nous les mystères de la tienne. Ton existence est pour moi une surprise. Tantôt triste, tantôt jovial jusqu'à la folie, il faut qu'une main fatale remue les fils qui te font agir; je ne m'explique pas comment tu peux vivre ainsi.

— Ma pauvre amie, répondit Robert, que veux-tu que je te raconte? Ma vie? hélas! je suis un de ces jeunes gens que le monde a flétris du nom de mauvais sujets. Dès que j'ai débuté dans la vie, j'ai compris que l'homme échappait difficilement à la main de fer de la destinée. Jeté sur le pavé de Paris, sans parents, jeune, intelligent, n'aimant pas les sentiers battus, me sentant une vocation entraînante pour la vie facile, ayant en horreur le travail, je ne pouvais pas me résoudre à faire un apprentissage quelconque. Ce que j'aimais, c'était le plaisir, le jeu, l'indépendance; ma résolution fut prompte : je me fis industriel et philosophe, c'est-à-dire résolu à accepter les biens et les maux de cette vie sans me plaindre. Quoique bien jeune, j'avais vu que maudire la destinée, se plaindre de Dieu et des hommes, se plaindre du froid ou de la pluie, n'empêchait ni le froid ni la pluie; je fis mon entrée dans le monde avec cette sage philosophie. Tous les moyens me parurent bons pour arriver à la fortune, sauf à ne pas franchir les limites tracées par le Code pénal.

— Mais, dit Florine, cela ne m'explique pas tes moyens d'existence. Comment se fait-il que tu aies toujours de l'or dans tes poches, un bon paletot sur tes épaules, et toute la sérénité d'un homme dont l'existence est assurée ?

— Ma chère, voici comment cela se pratique. D'abord il y a trois choses que les hommes comme

moi ne payent jamais : le logement, le dîner, et le
tailleur. J'ai expérimenté le bottier, il faut le payer.
Le bottier est d'une nature patiente et opiniâtre. La
dette des bottes est une dette criarde : partout où il
vous rencontre, il vous fait des scènes ; il ne faut pas
avoir un bottier pour créancier. Le tailleur se ré-
signe ; le bottier, jamais. Quant à mon logement, il y
a toujours dans Paris des maisons meublées qui
s'ouvrent ou qui changent de propriétaires. Avec
ma bonne tenue je suis toujours bien accueilli. Elles
ont besoin de clients, j'essuie les plâtres. Quant à
mon dîner, si un ami ou un compatriote ne m'invite pas, j'ai la ressource de la table d'hôte ; je me
présente avec aplomb, et à l'heure du versement, je
tire une magnifique bourse ; après l'avoir fouillée, je
dis au garçon : Je payerai demain. Jamais on ne m'a
fait l'injure d'insister. Si j'ai besoin d'une voiture,
je prends des remises au mois. On peut courir
tout Paris pendant un mois sans payer. Il y a une
remarque très-curieuse à faire : plus la somme
qu'on doit à son créancier est forte, plus il est
facile d'augmenter la dette ; on ne craint pas d'a-
jouter une faible somme à une grosse. En arrêtant
le crédit, on compromet le sort de sa créance. C'est
donc une grande habileté d'avoir de gros créanciers.
Voyez Mercadet, c'est à ses créanciers qu'il emprunte
de l'argent. La première des conditions à Paris, pour
réussir, est d'être bien chaussé et bien ganté ; c'est

déjà une grande distinction que des gants blancs et une chaussure élégante : on est bien accueilli partout, surtout auprès des femmes. Tous les salons vous sont ouverts. J'ai fait souvent la cour à des femmes mariées ; cela donne de la facilité pour emprunter de l'argent à un mari. J'ai voulu jouer à la bourse ; un agent de change m'avait offert de jouer pour moi, sans déposer de garantie. Je ne sais comment ces gens-là opèrent. Dans les comptes de liquidation, on est toujours leur débiteur. Cependant j'aime beaucoup les salons de la finance ; ce n'est que dans ces salons qu'on joue gros jeu, et qu'en cas de perte ou de gain on peut emprunter de l'argent au maître de la maison. Quoique très-habile au jeu, je n'ai jamais employé les moyens dont se servent les grecs ; on s'expose à des soupçons injurieux ou à se faire une détestable réputation. Je ne me suis pas interdit d'attirer la fortune dans une surprise, mais toujours sans violence.

— Lorsque j'ai besoin de me distraire, de rompre avec cette vie du monde, je vais à la barrière me mêler à une noce bourgeoise : je me glisse parmi les invités, je dîne, je danse, je m'amuse, et personne ne songe à me demander qui m'a invité. Voilà la vie de tous les jours : le jeu et la rencontre des amis ; les emprunts et les dîners par provocation. A présent, voici les grands moyens industriels : je suis actionnaire de complaisance dans toutes les compa-

gnies industrielles qui se forment ; j'ai fait partie
des sociétés du Damas oriental, des Bains de mer à
Paris, des Hirondelles de rivière, du grand Tunnel
de Calais à Douvres, de l'Incombustible pour assurer
les compagnies d'assurances, des Pêches de la morue, sans compter toutes les sociétés Californiennes,
Anglaises, Françaises, Américaines. Malheureusement presque toutes ces compagnies n'ont eu que
des succès négatifs ; elles n'ont pas rapporté des honoraires en raison des dangers qu'elles m'ont fait
courir. Je m'étais loué à une compagnie pour accompagner à Londres les voyageurs des trains de plaisir ;
ma constitution ne m'a pas permis de continuer cet
emploi, la mer m'éprouvait horriblement. La Société
des quinze francs de plaisir voulut me donner un
emploi ; n'ayant pas l'inspiration, je n'aurais pas
réussi. Voyant que l'industrie me refusait ses faveurs, je me mis en quête de découvrir des veuves
riches. J'ai vécu une année avec une très-aimable
veuve ; elle allait m'appartenir, ainsi que sa fortune,
par les doux liens de l'hyménée, lorsqu'elle fut
avertie à temps des dangers de ce mariage. Je revins aux dames de théâtre et du bal Mabille. Cependant, je dois en convenir, plus j'avance dans cette
carrière du mal, plus je m'aperçois que la lutte devient difficile ; les beaux jours deviennent plus rares :
j'ai presque la certitude que je terminerai par le
suicide ; je ferai le plongeon dans la rivière.

— Fi donc! s'écria Florine, il y a tant de gens dans ce monde qui ne suivent pas la ligne droite et qui ne s'en portent pas plus mal?

— Oh! reprit Robert, dans la vie il n'y a pas de solution de continuité; elle subit ses conséquences; l'avenir n'est que la conséquence du passé; les antécédents font la fin. Quand on s'est enivré de ces senteurs du vice, quand on a porté la main à ces fruits défendus, il faut une expiation: la misère ou le suicide. — Il y a là une âme! ajouta-t-il (il montrait son front) mais cette âme est incarnée au mal. C'est une alliance indissoluble; c'est le diable au corps des anciens, l'organisation physiologique des modernes, et cette organisation me poussera au suicide; ce sera la fin de cette comédie humaine qu'on nomme la vie de Bohême? Mais, mes amis, ne parlons plus de cela; il nous faut un chapitre plus gai, plus galant. Voyons, Florine, raconte-nous ta vie. Dévoile-nous les mystères de ton boudoir, tes matinées d'amour, les fantaisies de ton imagination, les rêves de ta folle ambition et les caprices d'une organisation passionnée pour l'or et la coquetterie.

— Un cigare et à boire! s'écria Florine, écoutez-moi. Elle but un plein verre, alluma son cigare et s'exprima ainsi. — Sous des apparences frivoles, je cache un esprit très-positif. Qu'est-ce que l'amour d'un homme? est-ce que nous autres actrices ne savons pas que cet amour n'est que le simple contact d'un épiderme contre un autre épiderme; le cœur et les affections n'y sont pour rien. Si les liens qui nous unissent sont si fragiles, les affections si menteuses, ne devons-nous pas employer notre intelligence à obtenir des résultats positifs? Pour moi, l'homme n'est rien, l'argent est tout. Tant vaut le présent, tant vaut l'homme! Tu voulais de la franchise, en voilà. Je mets les cartes sur table, je ne triche pas; je vends mon amour, je ne le donne pas.

— Elle est charmante! m'écriai-je. Si les flots du Pactole roulaient autour de moi, j'aurais frappé à la porte de ton boudoir, j'aurais fait tomber sur toi la pluie d'or de Danaé; mais je ne suis pas du nombre des élus de ce monde, je n'ai ni or ni emploi.

— En ce cas, mon cher, tu repasseras plus tard. J'avoue pourtant, ajouta-t-elle en plaçant sa main blanche et tiède dans la mienne, j'aurais été bonne pour toi; je t'aurais aimé, tu me plais. Sous des apparences de fausse bonhomie, tu caches un cœur aussi léger que celui de ton ami.

En parlant ainsi, son bras m'enlaça avec une grande vigueur; j'examinai ses traits, ils étaient bouleversés. Tout à coup ses genoux fléchirent, elle se laissa tomber sur le parquet, en proie à une horrible crise de nerfs. Thérèse se précipita à son secours; elle lui fit respirer un flacon d'éther, elle frotta son front avec un mouchoir trempé dans de l'eau fraîche; j'étais très-effrayé. Thérèse me rassura en me disant qu'elle avait déjà éprouvé plusieurs fois ces crises. — Portez-la sur son lit, ajouta-t-elle, ce ne sera rien. Un assoupissement profond succéda à cette crise. — Messieurs, nous dit alors Thérèse, veuillez vous retirer, il lui faut un repos absolu.

Descendu dans la rue, je dis adieu à Robert. Il tombait une pluie fine et pénétrante, cette pluie des nuits d'hiver, qui, malgré nous, nous attriste. Les rues étaient désertes. Il était quatre heures du matin quand je rentrai à l'hôtel. Voilà donc ce qu'on appelle la vie de Bohême ! me disais-je, en suivant le trottoir de la grande rue Montmartre ; quelle triste vie et quelle sottise de dépenser aussi le peu d'argent qui me reste pour entendre la profession de foi d'un chevalier d'industrie, la confession d'une actrice des Variétés, et assister à une scène de convulsionnaire ! Volé ! toujours volé ! On ne m'en a pas encore donné pour mon argent.

CHAPITRE IX.

LETTRE DU PÈRE MONTAGNY.

Le matin, en m'éveillant, ma gorge était en feu. Je ressentais un malaise général. J'étais mécontent. La soirée des actrices m'avait coûté trente et un francs. Elle entamait profondément mes dernières ressources. Folle dépense et sans but. Florine s'était moquée spirituellement de moi ; elle avait été impertinente. Robert avait raconté ce que je savais déjà, qu'il était un chevalier d'industrie, un homme de mauvaises mœurs, un ami dangereux. Le vrai résultat de la soirée était mon mal de gorge et trente et un francs de moins dans ma bourse. Je faisais ces sages réflexions lorsqu'on m'apporta une lettre avec le timbre de Montargis. Je reconnus l'écriture de mon père ; il m'écrivait :

« Mon cher fils,

« Voilà bientôt trois mois que tu es absent, après m'avoir fait la promesse formelle de revenir dans les vingt jours. Tu ne m'as écrit qu'une fois. Pourquoi ce silence? Tu donnes des inquiétudes à ta famille. J'espère qu'aussitôt la réception de celle-ci, après avoir rempli les commissions suivantes, tu reviendras à Montargis. Prends la diligence des Messageries générales, et à la fin de la semaine sois de retour.

« Ton frère a été blessé en Afrique, dans la dernière expédition contre la Kabilie. Sa blessure était peu dangereuse, cependant elle lui a fait obtenir son congé. Il est de retour. Il s'est mis aux fourneaux. Autant il était paresseux et coureur de cabarets, autant aujourd'hui il est sobre et laborieux. Trois ans de service ont mûri son expérience, c'est un homme raisonnable, tourmenté du besoin de se faire une position honorable... J'avais pris envers toi l'engagement de te vendre l'hôtel de *la Croix-d'Or*. Je tiens à ma promesse, mais elle a un terme. Si tu n'étais pas de retour à la fin de ce mois, ton frère en deviendrait le propriétaire. Ainsi voilà qui est convenu, si tu ne reviens pas, je vends l'hôtel, et je suis dégagé de ma parole. Il produit environ trois mille francs, frais payés; la ferme des hospices, mille francs en sus des charges : c'est donc un revenu de quatre mille francs qui s'augmentera quand un jeune homme actif et intelligent me remplacera. Je deviens vieux et laisse un peu marcher les choses à la grâce de Dieu.

« Voici les commissions que je te recommande.

« Il y en a une qui est ton affaire personnelle. Tu sais la petite ferme formant ton lot dans la succession de ta mère. Cette ferme fut acquise il y a douze ans, chez M. Girard, notaire à Montargis. Le vendeur était un nommé Dupuy, entrepreneur à Paris. Il fut déclaré en faillite. M. Girard ne fit pas transcrire le contrat au bureau des hypothèques. Il y a quelques jours, j'ai reçu un papier timbré à ton adresse ; c'est une assignation que tu trouveras dans la lettre que je t'écris. Il paraît qu'on te réclame dix-huit mille francs, prix de l'acquisition de la ferme. On les réclame au nom des enfants mineurs Dupuy. Aussitôt la réception du papier timbré, je l'ai porté au successeur de M. Girard, il a paru fort inquiet de cette demande. Va consulter M. Gribaudet, afin de savoir quelles sont les formalités que tu as à remplir pour régulariser ta position. Je le connais, c'est un brave homme. S'il avait besoin d'autres pièces, je te les ferais adresser par retour du courrier.

« Seconde commission.

« Ta tante Dorothée est atteinte d'un catarrhe qui la tourmente beaucoup, particulièrement le matin.

On nous a donné l'adresse d'un médecin homœopathe qui, dit-on, guérit ces sortes d'indispositions. Explique-lui la maladie de ta tante. Chaque matin, elle s'éveille à cinq heures, elle tousse deux heures sans avoir un moment de repos. Le soir elle a son oppression. Elle a perdu son sommeil, mais elle a conservé l'appétit. Le médecin de Montargis lui ordonne toujours les mêmes remèdes; ils ne la soulagent pas. D'après ce qu'on nous a dit, nous avons une extrême confiance au médecin homœopathe. N'oublie pas les remèdes et l'ordonnance.

« La troisième et dernière commission est celle d'aller voir le conseiller à la cour, M. de Cottigny. Tu lui annonceras que son fermier, Pierre Bonnard, m'a remis douze cents francs, solde du prix de la ferme de l'année passée. Demande-lui si je dois adresser les fonds à Paris, ou si je peux donner un à-compte à son maçon et à son menuisier, qui m'ont prié de lui écrire à ce sujet.

« Il te faut deux jours pour faire ces diverses commissions. Dès qu'elles seront exécutées, reprends la route de Montargis. Ton voyage n'a plus de but; tu fais des dépenses inutiles. Le procès de la ferme Dupuy te coûtera cher. Il est assez sérieux pour compromettre ta fortune. Je t'ai dit que j'étais décidé à vendre *la Croix-d'Or*. En refusant de revenir promptement, tu me places dans la nécessité d'en finir avec ton frère. Tu peux perdre à la fois et ta ferme et l'hôtel. Mon ami, une faute de conduite dans la vie peut avoir les conséquences les plus graves. L'argent n'est pas si facile à gagner, pour le gaspiller ainsi. Adieu, mon cher Michel; ta tante Dorothée, ton frère et moi, nous t'embrassons de cœur.

« Ton affectionné père,

« Jean-Baptiste MONTAGNY. »

Cette simple lettre jeta mon esprit dans un trouble profond; elle me décida à prendre courageusement mon parti et à quitter Paris. Un motif secret m'y déterminait encore. Mon frère allait devenir propriétaire de *la Croix-d'Or*. Je le connaissais patient et entêté. *La Croix-d'Or* s'échappait de mes mains par une absurde obstination. Eh bien! me dis-je tristement, puisque mon père le veut, puisque la destinée me ramène à Montargis, samedi je me mettrai en route pour la maison paternelle.

CHAPITRE X.

LE MÉDECIN HOMOEOPATHE.

Après Molière, il n'est plus permis de se moquer des médecins. Que peut-on dire de ces excellents docteurs? Que la médecine est une science incertaine. Que les médecins ont tué plus de malades qu'ils n'en ont guéri. Que moins il y a de médecins dans un pays, moins il y a de malades. Que ce serait un profit réel pour l'humanité si on supprimait les médecins. Que la plupart de nos docteurs à la mode sont des charlatans, qui sous un air grave et important cachent une ignorance dangereuse. On dit toutes ces choses-là en bonne santé, et quand on est malade, on est fort heureux d'avoir recours à leur science. D'ailleurs, comme dit Figaro, la terre est là qui cache toutes leurs bévues. Je ne nie pas la médecine, mais les médecins m'inspirent peu de confiance. La plupart des remèdes qu'ils ordonnent sont mis en déroute par les nerfs, ou produisent des effets qu'ils ignorent. J'ai connu de hautes célébrités médicales : écoutez ces princes de la science dans une consultation ; il y a toujours deux opinions différentes. Si les médecins avaient une connaissance véritable de la science, les formules seraient toujours les mêmes ; mais autant de médecins, autant de systèmes différents. L'un est de l'école de Galien, le système des humeurs, des purgatifs, des vomitifs, des exutoires et des sudorifiques ; l'autre est de l'école de Brown. La maladie provient d'une excessive faiblesse, ou d'une force excessive. Dans le premier cas, les toniques ; dans le second, les débilitants. Viennent ensuite les partisans de Broussais, l'eau de gomme et la saignée, le tout fondé sur le principe de l'irritation. Après avoir pratiqué pendant de longues années ce système déplorable, après avoir dépeuplé les hospices, on a pris une horreur profonde pour la saignée. En ce moment, la médecine opère par des réactifs qu'on cherche à baser sur l'expérience et des hypothèses. On voit par ce simple exposé l'incertitude de la médecine dans les moyens de guérir les malades, puisqu'il y a tant de systèmes divers.

Il y avait autrefois l'école de Salerne ; ses formules étaient simples : l'eau, la diète et l'exercice. Il y avait dans le moyen âge des moines ignorants qui exerçaient la médecine. On ne s'en portait pas plus mal et même on vivait plus longtemps qu'aujourd'hui.

J'aurais beaucoup aimé la médecine grecque. Elle s'exerçait dans le fond des temples, par des oracles, des sibylles, des mystères qui frappaient l'imagination. Nous avons aujourd'hui les somnambules, les magnétiseurs ; ce sont les sibylles et les oracles renouvelés des Grecs. Il ne faut pas oublier que c'est la Grèce qui a donné naissance à Hippocrate, le père de la médecine.

Parlons sérieusement. Il n'y a pas deux vérité dans ce monde ; il ne peut pas y avoir deux médecines. La seule médecine raisonnable est celle qui est fondée sur des études longues et sérieuses, sur l'expérience pratique de celui qui l'exerce et sur l'anatomie.

Mon père m'avait prescrit de prendre une consultation chez un docteur homœopathe. Il avait promis par le journal la guérison des catarrhes ; je devais obéir à mon père.

Le docteur homœopathe demeurait rue de la Victoire, dans un bel appartement. On ne sentait pas en entrant ce parfum de drogues qui vous saisit quand on va chez les vieux médecins ; c'était l'appartement d'un homme du monde. Quelques malades attendaient dans le salon. Quand vint mon tour, le docteur passa la tête hors de la porte et me dit : — Entrez. Je me présentai. Je vis un homme d'une bonne tenue, dont rien ne rappelait la profession. Il me pria de m'asseoir, et se posa dans un fauteuil. Il prit son livre. — Votre nom? me dit-il. — Jérôme Montagny. — Votre âge? — Vingt-cinq ans. — Votre profession? — Pour le moment sans profession. — Vos parents vivent-ils encore? — J'ai conservé mon père, mais j'ai perdu ma mère il y a trois ans. — Avez-vous les passions vives? — Oui. Êtes-vous sensible? — Très-peu. — Êtes-vous colère? — Si on me taquine, je m'emporte facilement. — Avez-vous eu des chagrins? — Non, Monsieur. — Aimez-vous les dames? — Oui, Monsieur, beaucoup. — Diable! diable! Avez-vous fait des excès? — Je ne comprends pas. — Avez-vous abusé de vos sens, de vos passions, de votre estomac? — Non. — Avez-vous eu la gale? — Ah çà! Monsieur, pardon; nous ne nous entendons pas! — Permettez, reprit le docteur, je suis obligé de faire ces questions à ceux qui viennent ici pour la première fois. Il faut que je remonte à l'origine du mal. Presque toutes nos maladies nous viennent d'un sang vicié, transmis par nos pères, ou d'une gale mal guérie; si vous voulez que je guérisse votre maladie, il faut bien que j'en connaisse le principe et l'origine. — Mais, Monsieur, je ne suis pas malade. — En ce cas que voulez-vous donc? — Je viens vous consulter pour ma tante Dorothée, tourmentée depuis trente-cinq ans par un catarrhe. — Il fallait donc me le dire! — Vous ne m'en avez pas donné le temps. — Au fait, dit le doc-

teur, quelle est l'affection qui tourmente votre tante?
— Un catarrhe.

J'allais lui exposer l'histoire de la maladie. — Inutile, me dit-il. Il ouvrit un petite cassette; il en tira dix flacons presque imperceptibles, ils renfermaient chacun deux infiniment petits globules; il me demanda dix francs. — Vous écrirez à madame votre tante de prendre le n° 1 le soir, cinq heures après son repas. Elle déposera les globules dans le creux de sa main, elle les retirera avec la pointe de la langue; défense expresse de les avaler, il faut les faire fondre contre le palais. Voici une instruction imprimée; recommandez-lui de la suivre rigoureusement. Je ne réponds de la guérison qu'autant qu'elle s'y conformera. Monsieur, l'homœopathie est un bienfait de la Providence; elle est destinée à alléger une partie des souffrances de l'humanité. Permettez-moi de vous offrir une brochure où la question de la vieille et de la nouvelle médecine est traitée à fond.

— Comment, Monsieur, lui dis-je en regardant les flacons où se trouvaient les globules, vous croyez qu'avec ces pilules vous guérirez ma tante! ça me surprendrait un peu. D'abord, pour la guérir, il faudrait refaire sa poitrine, éloigner le froid et l'humidité, changer la nature de sa peau qui fonctionne mal; elle est si faible, qu'à chaque variation de température la transpiration est suspendue et sa poitrine tousse. Franchement, je ne comprends pas que vos globules puissent la guérir. — Alors pourquoi êtes-vous venu me consulter? — Monsieur, répondis-je, c'est un ordre que j'exécute; quant à mes opinions personnelles, je crois que la médecine, telle qu'elle est pratiquée aujourd'hui par des médecins ignorants ou indifférents, nous rend peu de services et commet beaucoup d'erreurs. Si l'homme malade était assez raisonnable pour se soumettre à la diète, au repos, à laisser agir la nature, il retrouverait sa santé plus vite qu'en suivant les ordonnances des médecins. — Mais, Monsieur, s'écria le docteur, vous parlez comme un homœopathe. *Dignus es intrare....* — C'est bien, docteur; si vous guérissez ma tante avec vos globules, parole d'honneur, je deviens le partisan le plus dévoué de l'homœopathie!

CHAPITRE XI.

L'AVOCAT GRIBAUDET. — MARGUERITE.

En sortant de chez le docteur homœopathe, je me rendis chez M. Gribaudet, l'avocat de mon père. C'était un homme de soixante ans. Il avait eu peu de succès dans sa profession. La politique l'avait constamment préoccupé. La propriété de sa sœur, située près de Montargis, lui avait inspiré la pensée de se mettre sur les rangs pour se faire nommer député du Loiret. Il avait obtenu cent voix. Ses manières faméliques et une ambition vulgaire avaient éloigné tout intérêt.

Je me présentai chez lui pour le consulter sur les moyens d'obtenir la main-levée de l'hypothèque des mineurs Dupuy, qui frappait sur ma petite ferme. On vint m'ouvrir la porte. Quelle fut ma surprise et ma joie, je reconnus Marguerite, une jeune fille de mon pays. Pauvre Marguerite! souvent elle m'avait accompagné aux champs. — Comment, Marguerite, tu as quitté Montargis, tu es au service de M. Gribaudet! — Hélas, oui, monsieur Michel! — Ah çà, tu n'es donc pas heureuse? — Ah bien oui, heureuse! vous voyez bien ce bel appartement; monsieur paye deux mille francs de location, et nous vivons de pommes de terre toute l'année. Allez, on a bien raison de dire que dans ce Paris tout ce qui brille n'est pas d'or. Voilà un an que je suis au service de monsieur, je n'ai pas reçu cinq francs à-compte sur mes gages. Monsieur ne paye jamais personne. C'est un bon homme, il a des amis, mais il ne faut pas lui demander de l'argent. Après ça, il veut avoir un salon, des meubles en acajou, des rideaux de soie, tout ça pour jeter de la poudre aux yeux des clients; mais ils ne donnent pas là-dedans, il en vient rarement. — Est-il dans son cabinet? — Non, monsieur, il est allé plaider à la justice de paix pour son vieux et riche propriétaire, qui doit quarante-cinq francs à son serrurier. — Ma bonne Marguerite, j'ai bien du plaisir à te revoir. Te souviens-tu quand nous allions aux champs ensemble conduire le troupeau de la ferme? Je te faisais de jolis bouquets de fleurs amassées dans les blés, je les tressais en couronne. Alors nous étions heureux de si peu! Un jour, c'était au retour du printemps, il y avait sur le bord du chemin un amandier couvert de fleurs blanches, je le secouai sur ta tête, une pluie de neige tomba sur toi; tu étais gracieuse au milieu des fleurs. — Je m'en souviens bien, reprit Marguerite; ce qui me causa beaucoup de chagrin, ce fut quand vous partîtes pour le collége d'Orléans. Moi, de mon côté, ma mère me mit en condition.— Ah çà! ton maître te respecte, au moins? A Paris, une jeune fille est si exposée! — Je n'ai pas à me plaindre. Quant à ce qui est de faire mes volontés, de sortir, de rentrer, d'oublier de préparer le dîner, il ne se plaint jamais. Le dîner n'est pas long : de la pomme de terre bouillie et du bœuf le dimanche, depuis qu'on le vend soixante centimes le kilo.

En ce moment M. Gribaudet entra, il revenait de l'audience du juge de paix. — Pardon, monsieur, je vous ai fait attendre, me dit-il en passant. Je viens de plaider une cause très-grave à la sixième chambre. Veuillez passer dans mon cabinet. — Je lui déclinai mon nom. Il me tendit la main. — Eh! c'est vous, me dit-il, qui êtes le fils de ce brave M. Montagny? je l'estime beaucoup. C'est un digne homme que monsieur votre père!

Le bureau de M. Gribaudet était couvert de papiers, pêle-mêle, dans le plus grand désordre; des livres, des dossiers jetés çà et là. Dès que nous fûmes assis : — Expliquez-moi votre affaire, me dit-il. — Monsieur, lui répondis-je, la question est très-intéressante pour moi, il y va de presque toute ma fortune. Il est vrai que je ne suis pas riche. — Pardon, me dit-il, allons au fait. Il prit une grosse prise de tabac. Au fait! — Monsieur, j'ai perdu ma mère; sa succession se composait d'un bois de dix-sept hectares et d'une petite ferme. Nous étions deux enfants, mon frère et moi. Nous avons fait un acte de partage chez le notaire de Montargis. Le bois est échu à mon frère, et j'ai eu la ferme. Cette ferme avait été acquise par ma mère d'un M. Dupuy. Le notaire qui a reçu l'acte n'a pas fait transcrire le contrat. Il paraîtrait qu'il existe une hypothèque légale sur la ferme; le tuteur des mineurs Dupuy demande le payement du prix d'acquisition. Il me menace d'une expropriation. Au reste, monsieur, voici l'assignation.

Je lui remis le papier timbré. Il le parcourut. — Hum! fit-il, c'est une grave affaire; vous n'êtes pas en règle. Ces hypothèques légales sont un vice radical de la constitution de la propriété. J'ai publié sur ce sujet une brochure que j'ai présentée à la commission de défunte l'assemblée nationale. Vous lirez cette brochure, vous comprendrez de suite les dangers de votre position. Ah çà! mon cher monsieur Montagny, voici de nouvelles élections qui vont commencer. J'ai des propriétés dans votre pays et je suis fortement recommandé par mon ami, le ministre de la justice. Je compte bien aussi un peu sur les influences locales. Je me propose de me rendre à Montargis au moment des élections. Nous vivons dans une singulière époque. J'ai passé ma vie dans l'étude des sciences sérieuses. Beaucoup de mes collègues de mon âge ont obtenu de bonnes places ou des décorations. Je n'ai rien obtenu, et cependant j'ai la conviction que je rendrais de véritables services à mon pays et à moi en particulier, car je ne suis pas heureux. — Mais, monsieur, lui répondis-je, votre cabinet doit être productif. Un talent comme le vôtre! — Ah! mon ami, on est si mal payé. Les avoués gardent toujours la plus grosse part. Dites-moi : quelle est l'opinion dominante à Montargis? — Monsieur, celle des honnêtes gens. On demande un gouvernement ferme, vigoureux, qui impose silence à ces misérables passions qui ont fait tant de mal à la France. On fait bon marché de la liberté quand elle tourne à la licence, bien mieux encore de la tribune, d'où l'on a versé sur la France le poison des plus dangereuses doctrines; en un mot, l'éducation du peuple se fait. On se préoccupe de le moraliser et de lui donner du bien-être. Cela vaudra mieux pour lui que de faire de la politique. — Diable! il paraît que vous appartenez à la nouvelle école qui demande la régénération de la France par l'éducation et le travail. J'aurais cru, d'après les soulèvements qui ont eu lieu dans votre département, à des tendances socialistes prononcées; mais puisque vous affirmez qu'il y a retour vers de plus saines doctrines, je vous crois. D'ailleurs, je ne tiens ni à l'une ni à l'autre opinion, je désire que mon pays soit heureux et moi aussi. — Pardon, monsieur, lui dis-je avec politesse, nous avons parlé de tout excepté de mon procès. Que puis-je espérer de cette affaire? — Mon cher, reprit-il, avant de vous dire mon opinion, j'ai des pièces à vérifier; il faut me faire adresser par votre notaire de Montargis : 1° l'acte d'acquisition de cette ferme, 2° l'acte de partage avec votre frère, qui, dans tous les cas, sera obligé de supporter de moitié avec vous la perte du prix de la ferme. Il faut aussi que je sache quelles sont les autres propriétés que Dupuy a vendues et qui lui appartiennent encore. Dès que les pièces seront à ma disposition, j'examinerai sérieusement l'affaire, et je vous en dirai le résultat probable. Je suppose que les autres acquéreurs ne sont pas plus régulièrement saisis que vous. Nous verrons à vous sortir de ce mauvais pas, et à régulariser votre position. Veuillez me remettre cinq francs pour la consultation; plus tard vous payerez les autres frais. Je lui remis cinq francs. En sortant, je jetai à Marguerite un regard d'intelligence, elle me répondit par un gracieux sourire.

De chez l'avocat Gribaudet, je me rendis chez M. de Cottigny. En entrant dans son cabinet, je pris un air froid et digne. — Monsieur, lui dis-je, mon père m'écrit de me rendre près de vous pour vous prévenir que Pierre Bonnard, votre fermier, lui a remis douze cents francs pour solde du prix de ferme de l'année dernière; il tient cette somme à votre disposition. — Eh! c'est vous, mon cher ami, me dit le conseiller. Comme vous êtes changé à votre avantage! Ce que c'est que le séjour de Paris; en trois mois il s'est opéré en vous une transformation complète. Puisque vous voilà tout à fait Parisien, il faut chercher à obtenir une position quelconque, dans l'industrie ou les finances. Paris est la seule ville où l'on puisse réaliser promptement une fortune quand on a de l'intelligence et l'amour du travail. Mon cher Montagny, vous allez me faire le plaisir d'accepter le dîner de famille? — Monsieur, je vous remercie, répondis-je froidement. — Tenez, je suis sûr, s'écria-t-il, que vous me boudez parce que j'ai assez mal accueilli votre première visite. Vous verrez, mon cher, quand on est établi à Paris, préoccupé d'affaires du plus haut intérêt, combien les provinciaux désœuvrés et curieux, arrivant toujours mal à propos, sont ennuyeux. Si vous me refusez le dîner, permettez-moi de vous présenter ce soir chez madame la comtesse de Beauverger. On y fait de la musique et l'on danse au piano tous les mercredis. C'est un des salons les plus agréables de Paris. Une fois présenté, vous aurez vos entrées, et puisque vous désirez connaître le monde, vous ne pouvez pas être admis dans une meilleure école. — J'acceptai l'offre de M. de Cottigny.

CHAPITRE XII.

LES SALONS DE Mme LA COMTESSE DE BEAUVERGER.

M. de Cottigny me présenta le soir même chez madame la comtesse de Beauverger. Mon habit bâti par Humann, mon gilet d'un goût parfait, ma chevelure taillée par Albert, ma personne complétement transformée, me firent parfaitement accueillir. Madame de Beauverger me dit avec une extrême bienveillance. — Monsieur, mes salons sont ouverts à nos amis tous les mercredis; présenté par M. de Cottigny, je serai enchantée de vous recevoir. Je la remerciai en peu de mots, et fis un salut très-profond. Comme le poëte, je pus me dire tout bas : « O mon habit, que je te remercie ! »

J'étais heureux de parcourir ces grands salons, éclairés par des lustres couronnés de fleurs et étincelants de lumière, de marcher sur des tapis moelleux, de m'asseoir dans des fauteuils dorés, admirer des pendules magnifiques et des objets d'art placés sur des étagères d'ébène. De beaux rideaux jaunes, doublés de gros de Naples blanc, décoraient les salons. Tout en admirant cette élégance, une pensée triste me poursuivait, la pensée qui poursuit les gens qui se trouvent dans une position élevée et qui comprennent la peine qu'ils auront à s'y maintenir. Je ne suis pas ici à ma place, me disais-je. Si je suis admis, c'est grâce à mon habit et à des dépenses folles; dans peu de jours il me faudra retourner à Montargis, et les souvenirs de ce monde me donneront des regrets plus amers encore et peut-être un dégoût insurmontable pour ma profession.

En ce moment, je fut interrompu dans mes réflexions par le magnifique chœur de *Fidelio*, chanté par des amateurs accompagnés sur le piano par un professeur du Théâtre Italien. Cette musique produisit un grand effet.

Après le chœur de *Fidelio*, un artiste nommé Lacombe exécuta une improvisation ravissante.

Vint ensuite une jeune et jolie femme; elle chanta avec une expression mélancolique la romance de Mathilde, de *Guillaume Tell*. A sa vue j'éprouvai une vive impression. Elle était pâle, elle avait une magnifique couronne de cheveux. Ses yeux noirs, ses joues couleur de roses sauvages, lui donnaient un charme incroyable. J'avais vu cette séduisante figure dans mes rêves.

A peine avait-elle fini sa romance qu'elle vint s'asseoir dans le fauteuil le plus rapproché du mien. Je me levai d'abord, je la saluai, puis je m'assis à côté d'elle. Je m'empressai de lui témoigner mon admiration pour la beauté de sa voix et le charme de sa personne. Pendant que je lui parlais, elle me regardait avec une expression singulière, elle respirait le parfum d'un énorme bouquet de violettes et de roses blanches. Le concert terminé, on forma des quadrilles. Je l'invitai à danser. Elle rejeta avec sa main les plis de sa robe de soie, accepta mon bras, et nous voilà au milieu d'un brillant quadrille. Un piano, une basse et un cornet à pistons formaient un orchestre plein de verve et d'entrain.

Malgré le charme de la danse, ma jolie danseuse restait rêveuse. Je voulus la distraire en lui racontant d'innocentes malices sur quelques dames de notre quadrille; elle s'en offensa. — Mon Dieu, Monsieur, me dit-elle, peut-on médire d'une personne sans que cette personne ne vous renvoie à son tour une médisance tout aussi cruelle? Voyez-vous, la médisance c'est de l'envie. — Pardon, Madame, répondis-je, je n'ai aucun penchant pour la médisance, c'est plutôt un sujet de conversation qu'un plaisir; mais comme il faut un aliment à la conversation, on la choisit de préférence sans être méchant pour cela. — C'est-à-dire qu'on dit du mal de quelqu'un qu'on ne connaît pas pour avoir un sujet d'entretien ! Vous m'avouerez que cela est bien triste.

L'orchestre préluda une schottisch, je la dansai avec elle, après la schottisch, une valse. J'étais enchanté de ma danseuse; sa tristesse m'inspirait un vif intérêt. A sa tournure distinguée, au charme répandu sur toute sa personne, je supposais qu'elle devait habiter le noble faubourg. J'étais disposé à l'accepter pour une comtesse ou une marquise. Au retour de la valse, je m'assis à côté d'elle, fauteuil contre fauteuil, bras contre bras, je lui demandai timidement son nom. — Je suis mariée, me dit-elle. Je me nomme Sidonie Leroux. Je donne des leçons de chant et de piano.

A ces paroles, je fut renversé; j'avais rêvé une grandeur quelconque. Cette grandeur s'évanouissait, seulement restait la jolie femme. Je lui racontai, à mon tour, que j'étais libre, garçon, sans emploi, vivant d'un revenu modeste; que j'aimais avec passion, les arts, la musique, le monde, le théâtre, mais que ma destinée m'entraînait malgré moi vers une profession qui m'inspirait une aversion profonde. — Vous n'êtes donc pas heureux? me dit-elle négligemment. En me parlant ainsi, son regard avait une expression si extraordinaire que j'en fus troublé jusqu'au fond de l'âme. Il me semblait que ses yeux étaient humides de larmes. Cette sensibilité exagérée aurait dû m'avertir des dangers d'une semblable liaison; mais le cœur est si faible quand l'imagination l'entraîne! Ces aveux réciproques établirent entre nous une intimité charmante. Elle partit à minuit avec une dame de son voisinage. Au moment où elle se levait, je lui demandai si elle reviendrait le mercredi suivant. — Je reviendrai, me dit-elle, je reviendrai!

Dès que je fus rentré dans ma chambre, je m'écriai : Je ne quitte plus Paris! Comment au moment de posséder une aussi jolie maîtresse, quand elle vient à moi avec tant d'abandon, partir! c'est impossible. Il est vrai que mon frère va devenir propriétaire de l'hôtel de la Croix d'Or, que mon père maudit mon obstination à ne pas vouloir rentrer sous le toit paternel. Que m'importe la fortune, l'hôtel de la Croix d'Or! Sidonie est ravissante, naïve, bienveillante; elle semble chercher un appui. Je n'ai plus qu'à ouvrir les bras pour la presser sur mon cœur, et je renoncerais à un tel bonheur! Non! non! En parlant ainsi, j'avais ma main sur ma bourse; je la tirai, elle était légère. Il me restait encore quatre pièces d'or.

Tout à coup, une pensée me frappa. Je me rappelai avec quelle adresse Robert Duclos m'avait emprunté cent francs, après le déjeuner du café Véfour. Il faut que j'essaye cette même industrie sur mon ami Richard. Je ne le tromperai pas comme Robert m'a trompé; je lui restituerai la somme qu'il me prêtera, mais il me faut de l'argent à tout prix. Après-demain est le jour de son retour. Je lui rendrai son déjeuner, je le prierai de me prêter deux cents francs ; c'est un bon garçon, il ne me les refusera pas. Quelle mauvaise conseillère que la nécessité! par quelle pente perfide elle vous conduit de marche en marche, du péché véniel au péché mortel! J'invitai Richard à déjeuner ; après le déjeuner, je lui demandai, dans ce moment de bien-être que procurent le café chaud, le petit verre et les cigares, les deux cents francs. Il me les remit immédiatement. Je le priai de n'en rien dire à mon père. Suffit, dit Richard. Il ne voulut pas même un billet, et me déclara solennellement qu'il me prêtait cet argent pour deux mois, ni plus, ni moins.

CHAPITRE XIII.

DANGER DE FAIRE LA COUR A UNE FEMME MARIÉE.

Les deux cents francs de Richard me rendirent la joie du cœur ; ils me permettaient de prolonger mon séjour à Paris. Je pouvais donner suite à mon amour pour Sidonie, la revoir et m'en faire aimer.

Le mercredi suivant, je me rendis chez madame de Beauverger. Je reçus le même accueil ; seulement elle me fit quelques compliments sur mon amour de la danse, et ajouta familièrement : — Bientôt ce sera une rareté qu'un danseur dans un salon.

Sidonie m'avait précédé; sa toilette était d'une excessive simplicité. La soirée était peu nombreuse; il nous était facile de causer tout à notre aise. Après une longue conversation, voyant la bienveillance qu'elle me témoignait, je lui demandai un rendez-vous. Son regard prit une expression ineffable : —

Vous m'aimez donc? me dit-elle en souriant tristement. — Si je vous aime! Je donnerais pour vous ma fortune, ma vie? tout ce que j'ai de plus cher au monde! — Votre vie, fit-elle en baissant les yeux. — Oui, ma vie! répondis-je.

Il y eut un long silence entre nous. L'expression de ses yeux était indicible; ils avaient une fixité étrange. Elle soupira. — Tenez, fit-elle, ne parlons pas de cela : les hommes s'engagent si légèrement! un serment est un lien si faible! le cœur, l'énergie, le caractère, tout cela est si effacé! est-ce qu'on sait aimer aujourd'hui? On a des semblants d'amour, des fantaisies; mais cette douce union des âmes, cette aspiration vers un monde meilleur, cela ne se trouve pas. Non! vous ne me comprendriez pas.

Pendant qu'elle s'exprimait ainsi, elle devenait pâle, ses mains tremblaient, ses yeux étaient humides; il me semblait qu'un secret errait sur le bord de ses lèvres. En tête à tête, à coup sûr, il y aurait eu une explosion de sanglots. — J'avoue, Madame, lui dis-je, que je ne comprends pas... — Tout à l'heure, reprit-elle, vous me comprendrez. Voyez-vous, malgré des apparences de bonheur, je suis la plus malheureuse des femmes; mon mari m'est odieux! La raison est impuissante contre sa brutalité. L'existence m'est intolérable, je voudrais mourir... Mais je n'ose pas mourir seule, cela me fait peur.

A ces étranges paroles, j'éprouvai à mon tour une vive émotion.

Elle fit un léger mouvement d'épaules. — M'entendez-vous, à présent.

— Mais oui!... oui, je vous entends.

— C'est une résolution arrêtée depuis longtemps. Je veux en finir avec la vie. Le plus humble bonheur m'est interdit. Ah! si je rencontre, ajouta-t-elle avec exaltation, une âme capable de me comprendre, un cœur aussi hardi que le mien, j'en ferai mon fiancé sur cette terre, avec l'espérance qu'il le sera encore dans un monde meilleur.

Quand je compris à quel prix elle donnait son amour, quelle sorte d'engagement il fallait prendre pour dénouer cette magnifique ceinture, j'hésitai d'abord; mais, voyant comme elle était belle, pâle, les yeux illuminés par la douleur, le visage baigné d'une lumière céleste, je lui tendis la main et lui dis : — Si pour ton amour tu veux ma vie, je te la donne! Au ciel, aux enfers je te suivrai partout. — Vrai! répondit-elle. C'est un engagement d'honneur, un engagement sacré! Le lendemain, elle était à moi, et, à quatre heures de l'après-midi, nous allions à Meudon, accomplir cet étrange projet de suicide.

Enfoncé dans l'angle du wagon, je me disais : — Montagny, mon ami, te suicider pour obtenir les faveurs d'une femme, c'est une étrange folie. Quel parfum de corruption as-tu donc respiré dans Paris, pour arriver à une telle dégradation morale? Toi, une sorte de paysan parvenu? une façon de petit bourgeois, te suicider avec une femme mariée! Il faut à tout prix éviter ce dénoûment fatal. C'est égal, il ne sera pas dit que j'aurai moins de courage qu'une femme frêle et délicate; quoi qu'il arrive, je soutiendrai la gageure.

Arrivé à Meudon, j'entrai dans l'hôtel le plus apparent du village. Je demandai un cabinet particulier, un dîner fin et du champagne frappé. J'avais choisi un pavillon dont la croisée s'ouvrait sur la campagne; nous nous mîmes à table, gais comme de nouveaux mariés. Le dîner était excellent. Je versais souvent du champagne; j'espérais que la mousse pétillante de l'aï viendrait à mon secours; que cette gaieté qui nous animait l'un et l'autre serait remplacée par les regrets de quitter ainsi une bonne vie; que les idées de suicide s'éloigneraient, et qu'enfin notre duel avec la mort se terminerait fraternellement. Plus je versais de champagne, plus la pensée du suicide envahissait son âme. — Partons, me dit-elle, j'ai hâte d'en finir. — Attends, mon ange, lui dis-je; le soleil brille encore sur les bois de Meudon, si nous allons nous jeter à la rivière en plein jour, on nous portera des secours. La nuit viendra trop vite; dès que l'obscurité le permettra, nous pourrons exécuter notre projet. Je fus à la croisée, et lui montrai la cime des bois de Meudon : — Vois donc, Sidonie, comme le paysage est beau ! comme la prairie se déroule verte et embaumée ! Quel ravissant paysage ! Quelle belle journée pour un mois de juin parisien ! Vois au loin les eaux de la Seine, elles descendent lentement ; avec quel amour elles caressent ces riants rivages ! on dirait qu'elles les quittent à regret. Il devrait en être ainsi pour nous. Quelle folie de quitter la vie quand elle nous donne tant de bonheur ! Ma chérie, tu devrais m'accorder une dernière faveur : une promenade dans les grands bois de Meudon ! Toi, suspendue à mon bras ; et moi, te disant : Je t'aime ! Le soir, nous reviendrons ici, nous y passerons la nuit, et demain avant que l'aube reparaisse, à quatre heures du matin, quand tout reposera autour de nous, nous irons mourir. Qu'en dit-tu, mon ange ?

Sidonie se mit à sourire. — Que tu me connais mal ! me répondit-elle. Écoute. J'ai perdu mon père et ma mère dans la même année ; à treize ans, j'étais orpheline. Pour tout héritage, je possédais deux cents francs de rente. Mon oncle, épicier rue Saint-Denis, homme toujours grondeur, d'un esprit très-positif, fut nommé mon tuteur. Avec ces deux cents francs, il me fit entrer dans un pensionnat, ou plutôt dans une sorte de maison de bienfaisance : j'y reçus une bonne éducation. J'étais venue au monde avec une organisation musicale : on me donna un maître de chant et de piano ; je fis des progrès rapides. Au sortir du pensionnat, comme il fallait vivre, attendu que mon oncle m'avait fait entendre que j'étais de trop chez lui, je donnai des leçons de piano et de chant. A dix-neuf ans, sans expérience, sans volonté que celle de sortir de la maison de mon oncle, une occasion se présenta. Il avait un neveu de retour de l'armée d'Afrique. Ce neveu était parti simple soldat dans les chasseurs de Vincennes, par son courage, il était parvenu au grade de sergent-major. A son arrivée à Paris, il reprit son ancien état de ciseleur : son travail lui procurait sept à huit francs par jour ; mon état m'en produisait autant. Mon oncle m'engagea à l'épouser, en me disant : C'est un mariage de convenance. Je devins l'épouse du sergent-major ; mais à peine étais-je mariée, que je m'aperçus que mon mari était brutal, grossier ; qu'il m'était impossible de le ramener à de bons sentiments ; qu'il y avait entre lui et moi la distance qu'il y a entre la blouse et la robe de mousseline. Ma profession m'obligeait à faire de la toilette ; lui, au contraire, adoptait le plus extrême négligé. Un jour, à propos d'une robe neuve, il brisa mon piano et déchira mes cahiers de musique. Ces scènes jetèrent dans mon âme le plus profond découragement. Je résistai longtemps, mais je pris mon parti : je formai la résolution de mourir. Mourir ! mais comment ? Ignorante de toutes les choses de ce monde, cela me fit peur; il me fallait un compagnon pour ce nouveau voyage, pour ces régions inconnues. Je t'ai vu, tu m'as donné ta parole, et je viens aujourd'hui la réclamer, ajouta-t-elle en se levant et en prenant un air impérieux.

— Jusqu'à ce moment, lui répondis-je, j'ai rempli fidèlement toutes les conditions du traité. La plus difficile s'accomplira; seulement, je te demande de prolonger mon bonheur d'une nuit dans ce pavillon; pourquoi me refuser? — Oh! pourquoi? je vais te le dire. Cela n'est plus possible : ce soir, mon mari recevra une lettre qui lui annoncera notre départ de Paris. Il saura que je suis à Meudon avec toi, et ma résolution inflexible de mourir. A neuf heures, la lettre sera dans ses mains. Je lui adresse les plus vifs reproches : je l'accuse de ma mort; je l'en rends responsable devant Dieu; je lui laisse ce crime sur la conscience. A la réception de cette lettre, il va partir pour Meudon. Morts, il nous accablera de malédictions; vivants, il te tuerait; à moi, il me ferait un procès en police correctionnelle. Tu vois donc bien qu'il est mille fois préférable d'en finir que d'attendre un furieux capable de t'assassiner.

A ce discours, je fus excessivement troublé. Jusqu'à ce moment, je me croyais dans le cadre de la comédie; mais après la lettre au sergent-major, ma situation prenait les proportions d'un drame effrayant. Je n'avais plus ni cœur ni âme : les paroles expiraient sur mes lèvres. J'avais toujours espéré d'échapper par un moyen imprévu à cette dangereuse épreuve. L'intervention du sergent-major compromettait tout. — Mais, dis-je à Sidonie, ton mari te pardonnera. — Lui, pardonner! son premier mot sera un coup de poignard! Cette réponse me fit frissonner; j'avais hâte de quitter l'hôtel et de gagner les champs. Le mari pouvait avoir reçu la lettre avant l'heure fatale, et se rendre immédiatement à Meudon. Partons, dis-je à Sidonie, éloignons-nous.

La nuit était tout à fait tombée : le ciel était pur, la lune jetait sa blanche clarté sur les chemins du village. Sidonie me donnait le bras. Nous nous dirigeâmes sur les bords de la Seine. En apercevant l'eau refléter les rayons lumineux, il me semblait déjà que je ressentais le froid de l'eau. Nous suivîmes une longue avenue. J'aperçus un banc de bois entre deux grands arbres : je priai Sidonie de s'y arrêter; elle en parut contrariée.

A peine étions-nous assis, que mille lumières jaillirent tout à coup des fenêtres d'une maison de campagne située à peu de distance : c'était une fête. On entendait de bruyants éclats de rire, et bientôt après un orchestre ravissant. Je bénis tout bas le Strauss de village qui, sans s'en douter, venait ainsi à mon secours. Je le comparais à Orphée retenant

Eurydice prête à descendre dans le séjour des ombres. Sidonie était vivement émue. Je crus entendre de faibles sanglots. Elle appuyait sa tête sur mon épaule. On ne pouvait pas mourir aux sons de cette joyeuse musique. Je saisis l'instant. Je m'aperçus que les regrets envahissaient son âme pour laisser tomber lentement ces paroles : — Allons, voyons, ma bonne Sidonie, accorde à ce sacrifice que je te fais de ma vie une nuit d'amour, une nuit comme nous en goûterons dans le ciel; c'est ma dernière prière. La vie à moi ne m'était pas dure; Dieu me l'avait donnée belle, avec la liberté, la santé; je te la donne, et je te demande pour ce que j'ai de plus précieux une nuit; ne me refuse pas ce bonheur. N'as-tu donc de courage que pour ce soir? As-tu donc peur du lendemain?

A ces paroles, Sidonie se leva et disparut dans l'obscurité de la grande avenue. Je courus après elle; je parvins à la rejoindre; je la pris brutalement par le bras : — Eh bien! lui dis-je, puisque tu as l'atroce courage de mourir sans te rendre à ma prière, je vais mourir aussi. Mais je renonce à ton amour; je n'en veux ni sur la terre, ni dans le ciel. Viens; aussi bien, c'est un champ d'honneur, un duel entre nous ; je vais te donner l'exemple. — C'est ainsi que je te voulais, me dit-elle, et elle m'embrassa. Nous étions sur les bords de la Seine; nous déposâmes une partie de nos vêtements. Sidonie se mit à genoux, fit une courte prière. Étroitement liés l'un à l'autre, nous nous précipitâmes ensemble du haut de la berge dans la rivière...

L'endroit où nous étions tombés n'avait pas un mètre de profondeur. Il fallait faire des efforts inouïs pour se noyer, c'est-à-dire lutter contre un supplice affreux. Dès que je fus dans l'eau, le sentiment de la conservation me revint avec une extrême énergie. J'avais acquitté ma dette envers Sidonie. Je résolus de sortir du gouffre. Mais au moment où je m'en retournais, elle me saisit par le bras avec une force surnaturelle, et m'entraîna vers un endroit plus profond. Nous avions de l'eau jusqu'à la ceinture. Bientôt la terre s'abaissa sous nos pieds :

— Avançons, disait-elle. Nous entrâmes dans le courant de la rivière. Voyant ce péril, une horrible pensée éclaira tout à coup mon esprit ; j'avançai avec elle, l'eau commençait à nous soulever, le fond disparaissait sous nos pieds. Dans cette horrible situation, je m'armai d'un exécrable courage, je me tournai vers elle, je saisis ses longs cheveux, je pris sa tête dans mes deux mains et la plongeai sous l'eau jusqu'à ce que je la sentisse lourde et évanouie. Cette affreuse exécution achevée, je l'enlevai dans mes bras et la transportai sur le rivage. J'entendis le bruit d'un fiacre ; il retournait à Paris, j'y déposai mon triste fardeau ; j'espérais que cet essai de suicide cette agonie sous l'eau, ce supplice de l'étouffement la corrigerait pour toujours.

Après un quart d'heure d'évanouissement, elle revint à elle. En me voyant elle poussa un cri d'horreur. Elle m'accabla des noms les plus odieux. Elle me fit les reproches les plus méprisants. Je m'emportai à mon tour. — Eh! madame, lui dis-je, ne vous ai-je pas donné une preuve de mon courage? savais-je la profondeur de la Seine? je suis heureux d'avoir échappé à cette mort ignominieuse. Demain, vous et moi, nous étions exposés sur les tables de la Morgue à côté des noyés et des suicidés. C'était une honte pour ma famille et pour vous. — Vous êtes bien lâche! me répondit-elle, mais vous ne m'échapperez pas. Vous allez m'obéir, ou malheur à vous. Après la lettre que j'ai écrite à mon mari, je ne peux pas reparaître à ses yeux sans danger. Vous me conduirez auprès de lui, et vous direz la vérité. — Mais, madame, répondis-je avec une sorte d'effroi, je n'ai pas d'armes et il m'assassinera! — Eh, que m'importe! Que voulez-vous que je devienne? Faut-il que j'aille m'ensevelir dans le fond d'une chambre meublée et attendre une explication. Je veux connaître mon sort de suite, et savoir si je dois retourner dans le couvent où je fus élevée.

Avec un caractère aussi déterminé, toute résistance était inutile; je consentis à l'accompagner

7

chez son mari. A dater de ce moment, un profond silence succéda à la vivacité de nos reproches. Le fiacre s'arrêta rue du Faubourg-Saint-Denis. Il était trois heures du matin quand nous arrivâmes à la porte du domicile conjugal. Nous entrâmes dans un modeste appartement. Sidonie ouvrit doucement une porte. Quelle fut ma surprise, ou plutôt ma terreur : j'aperçus le terrible sergent-major assis dans un vaste fauteuil, les coudes appuyés sur une petite table de travail. Une lampe l'éclairait. Deux pistolets armés étaient sur la table. Il y avait devant lui une feuille de papier sur laquelle quelques lignes étaient tracées. A notre apparition il se leva ; sa figure prit une expression étrange ; ses yeux s'illuminèrent. — Béni soit Dieu ! s'écria-t-il : si tu n'étais pas rentrée cette nuit, à cinq heures du matin je me tuais. Et il se jeta dans les bras de sa femme en pleurant : — Pardon, me dit-il, monsieur ; j'ai le cœur si heureux de revoir ma malheureuse femme ! Si vous n'étiez pas là, je crois que je me mettrais à ses genoux. Vois-tu, Sidonie, tu es une enfant. Nous autres vieux soldats, notre éducation se fait dans les casernes et sur les champs de bataille. La forme est rude, mais elle ne détruit pas le cœur. Oh ! quand il s'agit de la vie d'un être qui ne nous a pas fait de mal, ce n'est plus ça. Je ne me pardonnerais jamais ta mort. Une voix secrète m'avertissait que je te reverrais. Si tu n'étais pas rentrée, j'étais décidé à mourir. Pauvre femme! je t'ai rendue bien malheureuse! sois tranquille, mon enfant, à l'avenir tu seras libre : vas, viens, fais ce que tu voudras; jamais un reproche, un soupçon. Et le soldat pleurait.

Quand Sidonie vit cette figure de bronze inondée de larmes, elle serra avec affection la main de son mari. — Mon ami, lui dit-elle, moi aussi j'ai méconnu ton excellent cœur. Que de préventions j'avais contre toi ! C'est à moi à te demander pardon. Si tu veux, je renoncerai à mon état; je passerai mes journées auprès de toi ; je serai la seule servante de la maison. — Non! non! dit le soldat, continuons le passé; seulement rappelle-toi que tu as un mari qui t'aime. Un triste amour-propre m'empêchait de voir tes bonnes qualités. La terrible épreuve d'aujourd'hui me réconcilie avec toi pour toujours. — Monsieur, me dit froidement Sidonie, vous pouvez vous retirer.

Je saluai le mari et la femme, et me retirai satisfait d'un dénouement auquel j'étais loin de m'attendre. Je me fis la promesse sacrée de ne plus faire la cour aux femmes trop sensibles, et surtout de m'informer si les maris étaient sergents-majors dans les chasseurs de Vincennes.

CHAPITRE XIV.

UNE SOIRÉE CHEZ M. DE LAMARTINE.

L'épreuve que je venais de subir avec l'épouse du terrible sergent-major modifiait un peu mes idées à l'endroit de Paris. Imitant Sosie, qui faisait la conversation avec sa lanterne, je me mis à faire le monologue suivant : — Mais je fais une partie de dupe en restant plus longtemps dans cette maudite ville. Qu'est-ce que cela m'a produit : des amitiés sans amitié! des amours sans amour! des habiles qui m'ont exploité! des femmes qui se sont moquées de moi! Pas un cœur honnête? pas un sentiment vrai? Comme dit Figaro : « Je n'ai rencontré que des gens qui veulent tricher au jeu et qui ne permettent pas qu'on triche à son tour. » Au lieu des bonnes recettes de la *Croix d'Or*, ce sont des dépenses continuelles; le sort tourne toujours contre moi. N'est-il pas plus raisonnable de retourner à Montargis, reprendre mes modestes fonctions, et obéir à mon père? Samedi je partirai, je dirai un éternel adieu à Paris.

Au moment où je prononçais ces paroles, le commandant entra. — Voilà huit jours, me dit-il, que vous ne dînez plus à l'hôtel; qu'êtes-vous devenu? Je lui racontai brièvement les épisodes de la semaine, et ma résolution bien arrêtée de partir le samedi même pour Montargis. — Bon! s'écria-t-il, c'est le jour de réception chez M. de Lamartine, et je venais vous offrir de vous y présenter.

Ce nom de M. de Lamartine me fit une vive impression. — Comment! lui dis-je, vous me présenteriez à M. de Lamartine? — Sans doute! voilà vingt ans que je suis reçu dans son salon? et je suis assez son ami pour me le permettre sans indiscrétion. — Je vous avoue, commandant, que c'est pour moi une proposition fort séduisante, mais mon père exige absolument mon retour. — Il n'y a pas à hésiter, reprit le commandant, votre père attendra trois jours de plus, vous retrouverez toujours Montargis sur la route de Lyon, tandis que par le temps qui court, je ne réponds pas que M. de Lamartine continue ses réceptions du samedi. — Eh bien! lui dis-je, j'accepte. Quand il fut parti, je fis un soupir. — Oh! Paris! Paris! m'écriai-je en parodiant un de nos grands seigneurs d'autrefois, tu ressembles à une maîtresse capricieuse dont on dit beaucoup de mal et on est toujours suspendu à son cou pour l'embrasser.

Pour moi, pauvre provincial, dont les opinions étaient simples et droites, M. de Lamartine était l'une des plus hautes intelligences de notre époque. J'avais lu l'*Histoire des Girondins*, avec cette ardeur et ce charme qu'on éprouve à la lecture de la *Jérusalem délivrée*, quand on a vingt ans. J'étais tout glorieux de passer une soirée dans le salon de ce grand poëte, cela flattait ma vanité. A neuf heures, le commandant vint me chercher; un cabriolet nous conduisit rue de l'Université, 82. Un valet de chambre nous annonça. M. de Lamartine était au milieu de son salon, entouré d'un cercle assez nombreux. M. de Saint-Lambert fut droit à lui, et me présenta. M. de Lamartine répondit par une légère inclination de tête, comme les gens blasés sur ces sortes de présentations. Il tendit la main au commandant et continua la conversation.

Le salon, ce soir-là, avait une physionomie particulière, on devait y faire de la musique. La réunion était nombreuse. On y voyait des artistes, des journalistes, des représentants de tous les bancs de l'assemblée. On devinait les uns à leur politesse aristocratique, les autres à leur rudesse démocratique. Le commandant me désigna des hommes dont les noms étaient très-retentissants dans les arts et dans la politique. Madame de Lamartine faisait admirablement les honneurs de son salon. Elle est d'une politesse et d'une bonté adorables. Elle allait de fauteuil en fauteuil parler aux dames, elle indiquait les meilleures places pour le concert; elle adressait à chacun des paroles bienveillantes. L'ameublement du salon de M. de Lamartine est modeste, cependant on y remarque trois ou quatre belles peintures; des portraits en grand de M. de Lamartine. Il a toujours ses chiens favoris à ses côtés. Les cheminées et les tablettes sont chargées d'objets d'art. Des statuettes de diverses illustrations; de préférence la sienne. La plus en évidence, celle dont il est le plus fier, est la statuette qui le représente défendant le drapeau tricolore contre le drapeau rouge. Ce qui me surprit le plus dans ce salon, fut l'affectation avec laquelle le domestique annonçait les personnes titrées : M. le marquis de Lagrange, M. le marquis de***, M. le comte de***, etc...; ces titres de comtes et de marquis flottaient dans l'air. Il faut pourtant en convenir, c'est à peine si cette belle France ose avouer son nom de République; on dirait qu'elle le répudie par ses mœurs, puisque dans le salon même de l'un de ses fondateurs, les titres étaient portés avec autant de vanité que dans les salons de la plus fine fleur de l'aristocratie.

Le concert commença à onze heures. Les honneurs furent pour madame X..., femme d'un général, et un jeune homme, nommé Michel, artiste très-distingué. On termina par des improvisations sur le piano, qui excitèrent l'enthousiasme de l'assemblée. M. Crémieux se fit particulièrement remarquer par de bruyants applaudissements; il a sans doute quelque prétention à la réputation de dilettante!

Dans le salon de M. de Lamartine, le concert est l'accessoire; la musique est admise comme auxiliaire; le principal c'est la conversation politique. A peine le concert fut-il terminé que les groupes se reformèrent. On se raconta les impressions du jour; les discours des orateurs de l'assemblée nationale; les bons mots et les brusqueries du président Dupin. Je me rapprochai du groupe où causait M. de Lamartine; sa tête me parut belle encore, sa tenue distinguée; mais en voyant ce visage profondément labouré par les émotions, la fatigue indicible de son regard, on devine qu'il a été profondément blessé. Il regrette la popularité qu'il s'était acquise. Ce peuple de France est si mobile dans ses affections que, malgré l'éminence du talent de M. de Lamartine, la facilité de sa parole, les services qu'il a rendus, il peut, à l'exemple de Cincinnatus, retourner à ses champs et les cultiver de ses propres mains; personne ne songera à lui rendre les honneurs qu'on rendit au guerrier laboureur et à le proclamer membre de n'importe quel gouvernement. Une fois précipité de la roche Tarpéienne on n'y remonte plus.

M. de Lamartine racontait au cercle qui l'entourait quelques-uns de ses souvenirs d'Orient; il les racontait avec ses images teintes de pourpre, sa facilité, son abondance de descriptions ravissantes. Accoutumé à la conversation commune et vulgaire, je ne pouvais pas me lasser de l'entendre. Au moment le plus vif de son récit, celui où on l'écoutait avec le plus d'attention, M. Dufaure entra. Il nous quitta pour aller s'entretenir avec lui.

Le commandant s'était mis à une table de wisth. Après avoir perdu cinq francs, il vint me rejoindre.
— Eh bien! me dit-il, que pensez-vous de ce salon?
— Mais, lui répondis-je, à vous dire ma pensée avec franchise, je me faisais une autre idée de M. de Lamartine, de son luxe, de sa personne; il n'y a que la parole qui conserve son prestige.

Dans l'un des angles du salon, j'aperçus deux jeunes gens qui discutaient avec animation. — Connaissez-vous ces messieurs? dis-je au commandant.
— Le plus grand, me répondit-il, cette chevelure inculte et noire, ce regard charbonné, le dos courbé par l'étude, c'est B***, l'un des disciples de Lamartine. L'autre est un tout jeune homme, Olivier, ancien préfet des Bouches-du-Rhône sous le gouvernement provisoire. Ce sont deux grandes intelligences, mais l'une et l'autre sous l'influence de cette sorte de vertige qui, comme une maladie épidémique, parcourt la France.

Je m'approchai des deux philosophes : la lutte

devenait plus vive; alors je me posai comme un curieux sur l'herbe des bois, regardant un duel, sans oser m'interposer entre deux aussi illustres champions. Le disciple de Lamartine défendait la thèse de la civilisation contre la religion. Il prétendait que les lumières de la civilisation suffisaient pour moraliser le peuple ; que le christianisme avait fait son temps, qu'il fallait lui donner son congé. Olivier, avec des formes plus douces, déclarait que la philosophie était tout à fait impuissante à arrêter le débordement des mauvaises passions. Il citait toutes les époques historiques où la civilisation avait cherché à se substituer à la religion, et les effroyables malheurs qui en étaient résulté pour l'humanité. La parole de B*** était amère, dédaigneuse; d'une rare facilité; celle de l'ancien préfet, tolérante et éclairée.

Je n'ai jamais compris les aversions religieuses de nos philosophes modernes et leur antipathie profonde contre le christianisme : pâles imitateurs de Samson embrassant la colonne du temple et cherchant à écraser les Philistins, dussent-ils périr eux-mêmes. Enfants ! jamais la religion ne fut plus radieuse, plus dédaigneuse de ses ennemis. Ses temples ne suffisent pas pour le grand nombre de fidèles qui se pressent sur ses parvis et autour de ses autels. Et vous voulez remplacer cette religion, qui apprend à aimer, à prier et à mourir, par une froide philosophie si indifférente pour faire le bien et si habile à absoudre le mal !

Il était minuit : on servit le thé dans la salle à manger. Les dames se précipitèrent en foule ; il n'y eut pas de place pour tout le monde. Les gâteaux étaient rares ; ce fut comme le gâteau de Pâques : les initiés seuls furent admis à y prendre part.

J'aperçus une coupe élégante sur la cheminée ; il y avait des cigares à la disposition des invités. J'en pris un, ainsi que le commandant : nous disparûmes à travers la foule qui se pressait autour de la table où l'on servait le thé. Je rentrai à l'hôtel très-satisfait de ma soirée. Sans doute mon imagination m'avait dépeint sous des couleurs plus brillantes la demeure du grand homme ; mais, à tout prendre, ce fut une charmante hospitalité.

CHAPITRE XV.

UNE PROVOCATION.

Le lendemain, à huit heures du matin, je faisais mes préparatifs de départ. Je pliai soigneusement mon habit dans ma malle. Il m'avait rendu tant de services : à Paris, la plume fait l'oiseau. Je décrochai tristement mon paletot couleur tabac d'Espagne, mon gilet à grands carreaux, mon pantalon gris de fer. A chaque pièce de mon vêtement, je faisais un soupir ; j'écartais les souvenirs qui me revenaient en foule, ma soirée, chez M. de Lamartine, les salons de madame de Beauverger...

Combien il est difficile d'avoir de la raison quand on est jeune ! — Sans doute, me disais-je, j'ai à me plaindre de Paris, mais quels doux moments se sont écoulés et quels regrets j'éprouve de m'en séparer. La vie de jeune homme y est si facile, si heureuse ; il est vrai, qu'après trois mois d'absence, je rentre à Montargis la bourse vide; au moins j'ai vécu largement, j'ai trempé mes lèvres à toutes les coupes où il y avait du plaisir, il y a une fin à tout; retournons à Montargis, reprenons la blouse du fermier, le chapeau gris du marchand d'avoine... Mon Dieu, ajoutai-je douloureusement, quelle destinée vous me faites!... Le concierge entra et me remit un petit billet parfumé; je déchirai l'enveloppe et lus la lettre suivante :

« Très-cher,

« Ce soir, je suis libre, je désire dîner en tête-à-tête avec toi; après le dîner, nous irons chez Mabille. Cela te va-t-il? Viens à six heures précises, passage Verdeau, tu me reconnaîtras à mon voile noir.

« A toi, de cœur,

« FLORINE. »

La lecture de ce billet me jeta dans un trouble inexprimable. Florine était une des plus jolies actrices de Paris. De belles grappes de cheveux blonds tombaient sur ses joues roses. Sa taille était ravissante. Elle demandait un dîner, en tête-à-tête, chez un restaurateur; l'un des plaisirs les plus vifs de la vie. C'était d'ailleurs une fille d'esprit; la résistance était impossible, la proposition séduisante. Je repris de nouveau ma redingote noire, mon pantalon à larges bandes grises, mes bottes vernies.

A six heures, j'arrivai au passage Verdeau. J'aperçus Florine, je fus à elle, elle prit mon bras. — Où dînerons-nous ? lui dis-je. — Chez le premier restaurateur venu, au café Anglais, aux Frères Provençaux ou à la Maison Dorée. Les Frères Provençaux eurent la préférence. Nous nous dirigeâmes gaiement vers le Palais-Royal ; moi, heureux de sentir suspendu à mon bras le bras d'une aussi jolie femme, elle aussi heureuse ; mais son bonheur était plus matériel, elle avait l'espérance d'un bon dîner.

On nous donna un cabinet au premier étage. Florine fut charmante. — A te parler avec franchise, lui dis-je, ton billet m'a surpris au milieu de mes préparatifs de départ ; à l'heure qu'il est, sans ton délicieux message, je serais en route pour Montargis. — Que tu es bon enfant, me dit l'actrice, de quitter ainsi Paris ! Mon cher, il n'y a qu'un Paris, c'est la seule ville où un homme intelligent puisse réussir. Que ferais-tu à Montargis, à présent que tu as goûté du fruit défendu ? Comment ? ton éducation parisienne est faite, tu as de l'expérience, de l'esprit, de la jeunesse, et tu irais enfouir ces précieuses qualités dans une petite ville de province ? Ah ! mon ami, ce brillant moment de la vie où un homme jouit de toutes ses facultés passe si vite ! cela se fane aussi promptement que les bouquets qu'on nous jette le soir au théâtre. Tu userais tout cela au service de n'importe qui, descendant dans ton hôtel, que tu serais obligé de recevoir le bonnet de coton à la main. Allons donc ! du courage ! La fortune ne peut s'acquérir qu'à Paris. Imite-moi, ne te fais pas poule dans une société de renards ; tâche de parvenir par l'échelle des femmes ou celle des amis. Une place, une position, cela peut s'obtenir ; vas dans le monde, fais la cour à des femmes de la finance ou à celles dont les maris sont au pouvoir ; on ne te tendra pas la main, il faut la demander aux autres.

— Parole d'honneur! lui dis-je, tu es une fille de bon conseil, et, sans aucun doute, une place, une position, conviendraient beaucoup à mes goûts, cela est impossible. Pour le moment, je n'ai pas à me plaindre de ma destinée ; je suis près de toi, tu es jolie, je t'aime, que puis-je désirer ?

— Voilà une galanterie pompadour, me dit-elle en riant, laisses-là ces oripeaux et songes à quelque chose de plus positif ; ne fais pas comme le petit Chaperon-Rouge, qui perd son temps en route pour cueillir les roses de buissons, donne un but à ta vie ; les amours passent et l'argent reste. Très-cher, ajouta-t-elle, donne-moi mon châle, mon manteau et partons pour le bal. Je lui donnai son manteau, je l'embrassai pour tous ses bons conseils et nous montâmes en citadine.

Il y avait foule à l'entrée du bal Mabille, il était

brillamment illuminé. Le peuple faisait la haie et regardait passer comme des bêtes curieuses les gens qui allaient s'amuser. L'avenue du jardin Mabille s'ouvre entre deux lignes de fleurs et d'arbustes ; de distance en distance des eaux jaillissantes, cachées sous des massifs, rafraîchissent l'air. On arrive à un rond-point au milieu duquel s'élève un pavillon destiné à l'orchestre commandé par le célèbre Pilodo. Tout autour du rond-point, on aperçoit des bancs garnis de femmes plus ou moins jolies. Protégées par des palmiers aux feuilles longues et larges d'où s'échappent des flammes de gaz, le coup d'œil est ravissant ; cela rappelle l'éclat des fêtes vénitiennes. Le sergent de ville abonde ; malheur aux danseuses qui se livrent à une danse trop échevelée ; elles sont averties une première fois, en cas de récidive, conduites au violon.

Le bal Mabille est le rendez-vous des commis marchands, des clercs de notaire, des jeunes gens de province. On y voit des députés ; la magistrature ne dédaigne pas de s'y rendre ; la femme du monde y vient en curieuse ; on y fume, on y raconte de grossières plaisanteries ; quand on a copieusement dîné, on vient y faire sa digestion. Les conquêtes y sont faciles, presque autant que dans les salons du monde. Il est vrai que le lendemain on ne se reconnaît plus. Cet entrain de la danse, ce brillant orchestre, ce mouvement du bal, ces mille flammes de gaz, ces arbres qui vous couvrent de leur ombrage, ces fleurs parfumées, tout cela forme un ravissant ensemble. Les jeunes gens qui fréquentent ces bals sont si blasés, qu'ils s'y mêlent avec la plus profonde indifférence. Quand la contredanse est finie, un jeune homme ne salue pas sa danseuse, il lui tourne le dos et la laisse seule retourner à sa place ; la politesse et l'amour s'y montrent sous les formes les plus vulgaires : c'est, d'ailleurs, l'esprit de notre époque ; personne, comme Hercule, ne va s'asseoir aux pieds d'une Omphale quelconque.

Je traversai, avec Florine, cette foule d'hommes fumant des cigares, et de femmes galantes. Florine me proposa une polka ; la polka terminée, elle voulut prendre des glaces, je la conduisis au café. En traversant le chemin de ronde du bal, j'aperçus le conseiller de Cottigny, donnant le bras à l'un de ses amis, il me reconnut et se mit à sourire ; je pensai qu'il me dénoncerait à mon père. Cette rencontre me rendit inquiet.

Au moment où nous rentrions dans la salle de bal, un jeune homme, en gants jaunes, bottes vernies, moustaches noires, lorgnon sur l'œil, s'approcha de Florine et lui demanda un quadrille. Elle me regarda en ayant l'air de me consulter ; j'y consentis : le quadrille commençait à peine, j'aperçus le jeune homme parlant avec vivacité à Florine, à ce point qu'ils oubliaient les figures de la contredanse. Il était évident que ce n'était pas un danseur de hasard ; il y avait une préméditation dans cette entrevue. Le quadrille étant terminé, je cherchai Florine, je ne la vis plus. J'attendis vainement ; je me mis en quête de la trouver, impossible. Payer à dîner, payer la citadine pour conduire une jolie femme au bal et la voir disparaître aux bras d'un autre, cela me parut peu amusant. Déjà l'impatience et la colère envahissaient mon cœur.

Ce rôle d'Ariane abandonnée me déplaisait beaucoup ; je fus à la chasse aux amants, fouillant tous les bosquets et suivant avec l'instinct d'un jaloux tous les réduits en fleurs où pouvaient se cacher des amoureux. Enfin, j'aperçus mon jeune homme et Florine, tapis derrière un arbuste et masqués par le piédestal d'une statue. Je m'approchai du couple fortuné et je dis au jeune homme : — Obligez-moi, monsieur, de vous éloigner ; madame est avec moi. — Monsieur, me répondit le jeune homme, mes droits sont plus anciens que les vôtres, je n'entends pas y renoncer. — Ah ! pardon, monsieur, à ce compte là, dans un bal comme celui-ci, il ne serait permis à personne de conduire une femme sans y rencontrer un prédécesseur ; c'est sans doute une plaisanterie que vous voulez faire, je vous préviens que je ne vous reconnais pas un pareil droit. — Comme il vous plaira, me dit-il, mais j'y tiens. — Ah ! c'est ainsi que vous résistez : au même instant, je lui appliquai un vigoureux soufflet provincial, il me répondit par un coup de poing, mais il n'était pas de force; je le saisis vigoureusement et le jetai à croix et pile dans le taillis dont il eut toutes les peines du monde à se dépêtrer. Deux sergents de ville accoururent, j'expliquai en peu de mots l'offense qui m'avait été faite; le jeune homme convint du fait; on nous demanda nos noms et adresses, on nous laissa libres. Quant à Florine, elle avait disparu.

Le lendemain matin, à huit heures, on frappa à ma porte; je vis entrer deux jeunes gens; ils venaient de la part de M. de Morancé me demander satisfaction de l'insulte que je lui avais faite au bal Mabille, je répondis que je n'étais pas l'agresseur, que j'avais été provoqué par son insistance à vouloir m'enlever une femme, conduite au bal par moi, que, par des raisons de famille, je ne me battrais pas.

Ces messieurs me déclarèrent que M. de Morancé avait été indignement maltraité et qu'il voulait à tout prix une réparation. — Messieurs, répondis-je, j'ignore l'usage des armes; mais si vous voulez une réparation à la mode de mon pays, je suis prêt à l'accepter.

On me demanda quelle était cette réparation ? — C'est le combat à coups de poings. — C'est le combat des porte-faix, répondit un des jeunes gens, et

M. de Morancé est gentilhomme. — Je peux encore vous offrir une autre réparation, leur dis-je, nous prendrons chacun une trique, nous nous placerons à distance et nous taperons jusqu'à ce que l'un de nous reste sur le carreau. — Puisqu'il en est ainsi, reprit le plus jeune, la première fois que M. de Morancé vous rencontrera, il vous jettera son gant au visage. — Qu'il s'en garde bien ! m'écriai-je furieux ; et vous, messieurs, faites-moi le plaisir de vous retirer, car je sens que, tout à l'heure, je serais capable de vous faire sauter, l'un et l'autre, par la fenêtre. Ils sortirent et je fermai sur eux la porte avec violence. J'étais au terme de ma patience.

CHAPITRE XVI.

LA SŒUR GRISE.

Chamfort disait en termes méprisants : « La plupart des hommes vivent dans ce monde si étourdiment, ils pensent si peu, qu'ils ne s'aperçoivent pas de ce qui se passe sous leurs yeux, par la raison qui fait que les hannetons ne savent pas l'histoire naturelle. » Cela est vrai : le plus grand nombre des hommes ne pense pas. L'éducation grossière des colléges, la préoccupation trop vive de se procurer une position, les soins de la famille, tout concourt à nous faire tomber dans les oubliettes de la mort avant d'avoir ouvert les yeux à la lumière.

J'ai la conviction qu'il s'établit une sorte de solidarité entre la faute commise et la punition. Elle peut être lente à venir; elle n'en arrive pas moins. Déjà, dans ce monde, il existe une justice mystérieuse, préméditée, chargée de punir le mal : c'est surtout dans l'âge mûr, dans la vieillesse que cette vérité nous frappe davantage. Les vieillards ne la contestent jamais; ils la craignent; ils lui donnent le haut du pavé. La jeunesse la brave; elle imite don Juan, qui invite la statue du Commandeur à souper. La vieillesse n'est point aussi hardie. Au reste, la punition du mal que nous avons pu faire n'est peut-être pas autre chose qu'un avertissement de la Providence, qui cherche à nous faire comprendre qu'elle a l'œil ouvert sur nos fautes. C'est la lumière plus ou moins vive du chemin de Damas. Malheureusement l'endurcissement de l'homme dans le mal ne lui permet pas d'en profiter. Allez, enfants, ne croyez pas que dans ce monde la punition frappe au hasard. Non; Dieu ne veut pas que le mal reste impuni.

En voici un exemple.

A Paris, les jeunes gens de vingt ans font bon marché de leur première jeunesse; ils la gaspillent dans les bals, avec des lorettes, dans des orgies de table, jusqu'à ce que la raison se fasse jour et leur enseigne les dangers de cette folle vie. En province, les jeunes gens du même âge ne valent pas mieux; ils ont d'autres distractions. Ce sont des disputes de village, des orgies nocturnes, des batteries. A cet âge, je n'étais pas tout à fait mauvais sujet, mais quand j'avais passé une partie de la journée avec un camarade, à une table de café, j'étais fort disposé à me procurer un divertissement quelconque.

A l'époque où florissait cette vingtième année, je fus invité par un de mes amis. Il habitait une ferme aux environs de Montargis. Nous fîmes un déjeuner des plus confortables, arrosé de vins les plus généreux; café, punch, liqueurs, de tous les continents du monde. Après le déjeuner, mon ami me proposa une partie de chasse à travers les bruyères et les bois qu'il fallait traverser pour revenir à Montargis. Nous étions fort gais; le gibier nous préoccupait peu. Nous nous enfonçâmes dans les taillis, causant bruyamment.

Après avoir traversé les bois, nous tombâmes dans une vaste plaine de bruyères, coupée en deux par un ruisseau appelé le Cerdans, sur lequel, de distance en distance, on remarquait de petits ponceaux construits en pierres. Près du ruisseau, et sur le penchant de la colline, nous rencontrâmes le troupeau de la ferme de mon père; il était gardé par une jeune bergère nommée Colette; elle était assise sur un vieux tronc d'arbre; elle tricotait un bas de laine; son chien dormait à ses côtés. En passant près d'elle, je m'aperçus que son visage n'était pas d'une propreté irréprochable. — Ma pauvre Colette, lui dis-je, tu as besoin de prendre un bain. Tiens, au fait, dis-je à mon ami, si nous lui faisions prendre un bain; la rivière est près d'ici.

En disant ces mots, nous déposâmes nos fusils sur l'herbe, et nous prîmes la jeune fille par les pieds et par les épaules, malgré ses cris et l'énergie de sa défense. Elle fut transportée vers le pont. Je parvins, après de grands efforts, à la suspendre en dehors du parapet, au-dessus de l'eau; je lui disais, en riant : Colette, ma pauvre Colette, je te lâche. En effet, malgré ses pleurs et ses cris, j'ouvris les mains. La pauvre Colette tomba dans l'eau d'une hauteur de deux mètres; elle en fut quitte pour un bain complet. Mais ce qui aurait dû faire honte à des hommes plus raisonnables que nous, ce fut le dévouement de son chien. D'abord il essaya de nous mordre. Nos souliers ferrés l'avaient calmé. Quand il vit sa maîtresse dans l'eau, il courut vers la rivière, s'y précipita, la saisit par les jupons et la ramena vers le rivage. Il n'y avait aucun danger; la rivière n'avait pas trois pieds de profondeur. Colette ne dit rien à personne de cet outrage; ce crime resta impuni; il n'eut pas le plus petit retentissement, et resta enseveli dans la vaste solitude des bruyères.

Le temps, l'absence, la nature même de la mauvaise action, ne permettaient pas de croire que la punition viendrait un jour : la Providence seule pouvait punir. Cinq ans s'étaient écoulés. Un soir, pendant mon séjour à Paris, je reçus un billet d'invitation de M. de Cottigny, pour passer la soirée chez lui. Je m'y rendis; on joua au lansquenet, et, par un bonheur inouï, je gagnai trois cents francs. Après le lansquenet on dansa au piano. La soirée se prolongea jusqu'à deux heures du matin.

Je rentrai chez moi seul. En traversant le pont des Arts, je fus arrêté par trois industriels. J'essayai de me défendre; je criai au voleur! mais je fus si carrément attaqué, et si promptement dévalisé, que je n'eus pas le temps de me mettre sur la défensive. Cependant j'en tenais un par la cravate, et je l'aurais étranglé, lorsque le plus hardi des trois voleurs me cria : — Débouche ta main, ou je t'escarpe. Il tenait un couteau-poignard. Je lâchai prise; aussitôt il dit à son camarade : — T'as la filoche; envoyons-le roupiller dans l'eau. Mes trois voleurs me saisirent à la fois par les bras et par les jambes et me précipitèrent dans la Seine. Cette exécution fut aussi rapide que la pensée.

Excellent nageur, je gagnai le rivage et je me hâtai de me rendre à mon hôtel, mort de froid, et prévoyant que je n'aurais pas pris impunément un bain de rivière, la nuit, en plein mois de mars. Je me mis au lit. Dès le matin, le mal se déclara. J'envoyai chercher le docteur Ricord; il arriva à onze heures. Après m'avoir examiné un instant, il me fit entendre que la maladie serait grave, mais sans danger. J'avais une fluxion de poitrine. On demanda une sœur grise pour me surveiller.

Après onze jours de traitement, j'étais en convalescence, grâce à mon docteur et à ma bonne sœur grise qui m'avaient prodigué les soins les plus dévoués. Quelques jours encore, et je devais faire une première sortie. J'étais assis sur mon lit; n'ayant plus besoin des services de la sœur, elle était vis-à-vis de moi et me faisait ses adieux; je la remerciais affectueusement de ses soins; tout à coup elle me dit: — Monsieur, comment donc est arrivé l'accident qui vous a donné une fluxion de poitrine? — Ma chère sœur, lui répondis-je, c'est un récit bien simple. J'avais passé la soirée chez un ami de mon père, et gagné trois cents francs au lansquenet, je rentrais à l'hôtel, lorsque, passant sur le pont des Arts, je fus arrêté par trois voleurs; ils m'ont volé et jeté à l'eau : d'un salon où il faisait très-chaud, je suis tombé dans la Seine où il faisait très-froid. La transition était trop prompte, il en est résulté une fluxion de poitrine. — Oh! dit la pauvre sœur, Dieu est puissant et juste! — Comment donc, lui répondis-je en souriant. — Hélas! mon pauvre monsieur, vous ne vous rappelez pas de moi? — Non! — Je suis Colette, la bergère de la ferme des hospices. Les voleurs vous ont traité comme un jour vous m'avez traitée moi-même. Rappelez-vous, monsieur, que vous m'avez jetée en bas du petit pont dans le ruisseau de Cerdans. — Comment! c'est vous, ma sœur, m'écriai-je, vous qui m'avez sauvé la vie par vos soins, votre dévouement! Vous êtes Colette, la bergère de la ferme des hospices! — Oui, monsieur, mais soyez sans inquiétude; allez, je vous pardonne de bon cœur, comme Dieu, sans doute, vous a pardonné lui-même, puisque vous voilà guéri. Adieu, monsieur ; que ce souvenir vous serve de leçon, et qu'il vous apprenne que Dieu n'oublie pas toujours le mal qu'on a fait à son prochain.

Il me fallut plusieurs jours pour me remettre du trouble que me causa cette étrange expiation. Mais la légèreté de mon caractère, mon retour à la santé, une certaine analogie avec les hannetons de Chamfort, me la firent bientôt oublier. Robert était venu me voir plusieurs fois. Dans sa dernière visite, il me proposa de m'initier à une société secrète, en m'expliquant quel intéressant tableau de mœurs offrait l'intérieur de ces sortes de réunions. Je lui répondis que je réfléchirais à sa proposition. Je consultai le commandant. — Gardez-vous bien, me dit-il, de mettre les pieds dans une de ces réunions politiques : cela vous exposerait à de graves dangers. Vous établiriez entre vous et Robert une sorte de solidarité dont vous seriez la victime... Laissez aux aventuriers et aux bohêmes le triste besoin des conspirations, et ne vous mêlez pas à ces coteries.

CHAPITRE XVII.

LA DAME DE BON VOISINAGE.

Ma convalescence fut bien vite terminée ; cependant il me resta de ma fluxion de poitrine une toux qui me réveillait chaque matin. Je n'en continuai pas moins mon genre de vie : la fréquentation des théâtres, des bals, les dîners dans les restaurants, le café, les liqueurs et le cigare.

Un soir, en rentrant dans ma chambre, j'aperçus des fleurs sur ma cheminée. Elles étaient très-artistement disposées. Une main délicate avait procédé à cet arrangement. D'où venaient-elles ? Qui pouvait m'envoyer des fleurs ? Le matin on frappa deux coups à ma porte. Une jeune femme de chambre entra. Elle me présenta un bol de lait chaud sur un plateau d'argent. J'avalai le breuvage, et lui demandai le nom de l'ange bienfaisant qui me comblait ainsi. — Monsieur, me répondit-elle, c'est ma maîtresse, madame de Néris, votre voisine. Elle a le sommeil très-léger, elle vous a entendu tousser, elle espère que le lait chaud vous calmera. — Ce n'est rien, lui dis-je, la fin d'une assez douloureuse indisposition. Votre maîtresse habite cet hôtel? — Oui, monsieur, elle réside huit mois dans sa terre située près de Versailles, et les quatre mois d'hiver à Paris. Chaque jour nous recevons des fleurs de la serre, et du laitage; elle vous a envoyé le bouquet d'hier et le lait de ce matin. — Est-ce qu'il me sera permis d'aller la remercier? — Sans doute, madame vous recevra avec plaisir. — Veuillez lui dire, mademoiselle, que ce soir, j'aurai l'honneur d'aller lui présenter mes hommages.

Le soir, après avoir mis beaucoup de soin à ma toilette, je me présentai chez ma voisine. Un domestique en livrée me demanda mon nom. — Monsieur Montagny, lui dis-je. La porte de la chambre s'ouvrit. Le domestique annonça à haute voix : — Monsieur de Montagny! Madame de Néris était ensevelie dans un vaste fauteuil. La chambre était éclairée par une lampe recouverte d'un globe d'albâtre sur lequel était posée une de ces guipures élégantes en papier rose. Je la saluai gracieusement; en la voyant je ne pus me défendre d'une certaine émotion; elle ne répondait nullement à l'idée que je m'étais faite de sa beauté et de sa jeunesse. C'était une femme qui devait avoir franchi le mauvais côté de la cinquantaine, grande, pâle, le visage fatigué, les yeux sans limpidité, signe distinctif de la maturité de l'âge. Elle avait dû être belle et très-coquette. On le devinait à ses paroles pleines de flatterie et à l'élégance de ses manières. Elle m'indiqua un fauteuil.

— Monsieur, me dit-elle, vous avez dû éprouver une véritable surprise quand ma femme de chambre vous a présenté de ma part un bol de lait chaud? Vous a-t-elle dit que j'avais le sommeil léger, que le moindre bruit le troublait. Mon intention était de vous guérir pour dormir en paix. Ainsi, loin d'avoir fait une action généreuse, c'est au contraire un égoïsme que je pratiquais à mon profit. Vous le voyez, en analysant un bienfait, au fond, il y reste peu de chose.

Ces paroles furent accompagnées du plus gracieux sourire. Je lui répondis : — Madame, je ne cherche pas à approfondir la cause d'un bienfait. Je bénis la main qui me le rend. J'en suis d'autant plus reconnaissant que dans ce monde chacun est si préoccupé de soi, qu'on s'occupe très-peu des autres. — Voilà une réponse bien triste, dit-elle, pour un jeune homme de votre âge. Avez-vous donc à vous plaindre de Paris?—Oui et non, mes idées se réforment. Je m'en plains moins, je commence à comprendre qu'il faut accepter sa bonne et mauvaise fortune, et ne pas oublier que dans ce monde le mal est toujours dans l'ombre du bien. — Vous avez là, monsieur, une philosophie très-résignée ; mais dites-moi ce qui vous plaît à Paris ?—D'abord, madame, l'oubli de ma personne ; en province, dans une petite ville, si on s'élève par son esprit ou sa fortune au-dessus des autres, on devient l'aliment de toutes les conversations. Tout ce qui a du relief est le point de mire de l'envie. Paris est un port libre, c'est déjà du bonheur. Chaque jour la vie se déroule sous un nouvel aspect, ce sont de nouveaux plaisirs et de nouvelles distractions. Vous y rencontrez des hommes d'intelligence, des femmes de beaucoup d'esprit, des artistes et tout un monde inconnu à la province ; en un mot, on trouve ici à qui parler, tandis que hors Paris, il faut cacher son esprit comme on cache ses diamants. Cette vie de l'intelligence a beaucoup de charmes pour moi, et ce sera avec un véritable effroi que je reverrai le sol natal. — J'aime comme vous la vie de Paris, me dit-elle, mais vous êtes trop sévère pour la province. Sans aucun doute on rencontre des gens d'esprit dans nos salons, mais la plupart manquent de bon sens, et sont fort ridicules. J'en conviens, l'esprit court les salons, mais le bon sens est très-rare, et sans le bon sens, l'homme n'a aucune valeur. Dites-moi, votre voyage a-t-il un autre but ? — Madame, je n'en suis pas très-sûr. Ce qui m'a réussi, jusqu'à ce jour, c'est la facilité avec laquelle j'ai dépensé mon argent. D'une sorte de paysan endimanché, je suis devenu un homme comme tout le monde. Quant à obtenir une place ou à exercer une industrie quelconque, je ne me fais pas d'illusion à ce sujet. Je ne réussirai pas. L'avenir qui me menace est le retour dans ma petite ville. Voyez-vous, madame, ajoutai-je en riant, je suis en ce moment en état de siége, on veut me prendre par la famine, et franchement, avant peu, je crois que je serai obligé de me rendre, à discrétion, à la volonté paternelle. — Monsieur, répondit-elle en souriant, ce serait manquer de courage et d'esprit; vous rendre ainsi quand vous pouvez au contraire utiliser largement votre voyage et vos amis. Elle appuya sur ce dernier mot. Venez me voir jeudi, reprit-elle en se levant, nous causerons de tout cela.

Je la saluai, elle me tendit la main à la manière anglaise. — Au revoir, mon voisin, me dit-elle gracieusement, au revoir.

CHAPITRE XVIII.

RENCONTRE INATTENDUE. — CONFIDENCE.

Le lendemain, en descendant les escaliers de l'hôtel, je répétais tout bas les dernières paroles de madame de Néris : « Accepter une telle position, ce serait manquer d'esprit et de courage; vous pouvez donner un but sérieux et productif à votre voyage. » Que veulent dire ces paroles ? Serait-elle pour moi une fée bienfaisante, chargée de réparer les torts du destin ? Habitué à analyser les actions d'autrui et sachant que le point de départ est presque toujours un intérêt quelconque, je ne pus pas résoudre cette question.

Au moment où je franchissais la porte de l'hôtel, je me trouvai face à face avec Richard. — Parbleu ! monsieur, me dit-il, sans reproche, voilà deux voyages que je fais sans pouvoir vous mettre la main dessus. — Que me veux-tu ? lui dis-je. — D'abord, monsieur, j'ai bien des nouvelles à vous annoncer. Hier, j'ai vu monsieur votre père, il faut qu'il soit fort en colère, il ne m'a pas dit un mot de vous. L'hôtel de la Croix d'Or est vendu, votre frère en est l'acquéreur. On a remis tout à neuf, on a fait badigeonner la façade, elle est peinte en rose avec un cadre gris, persiennes vertes, changement complet de décoration. Vous savez, la vieille enseigne de fer, on la remplace par une belle croix d'or; elle produit un effet magnifique. Dans l'intérieur, même cérémonie; un nouveau maître a passé par là. Quant à votre frère, il suffit à tout; il est en même temps au fourneau, à la salle à manger et à la banque pour recevoir l'argent des voyageurs. Votre père m'a annoncé que le premier juillet prochain, il partait avec votre tante Dorothée pour les eaux. Autre nouvelle : vous rappelez-vous la jolie petite maison de campagne de la veuve Giroud, à trois kilomètres de Montargis; petite maison avec jardin, prés, bois et terres, ensemble quatre hectares; la veuve Giroud est morte, on a vendu son bien au tribunal et je m'en suis rendu adjudicataire. J'ai placé mes économies sur cette petite propriété. Que voulez-vous, on réforme les conducteurs, les chemin de fer s'emparent de toutes les routes, il n'y a pas de l'eau à boire dans notre état ; mon avoué m'écrit que les formalités sont remplies, il me demande le montant du prix de mon acquisition et je venais vous prier de me rendre les deux cents francs que je vous ai prêté. — Mais, mon pauvre Richard, je n'ai pas aujourd'hui cette somme à ma disposition. — J'ai pensé à ce retard, reprit-il, j'en ai prévenu mon avoué; je pars ce soir pour Lyon, je serai de retour vendredi, vous avez cinq jours pour vous la procurer; vous comprenez, samedi il me faut mon argent, pas de retard possible; je m'exposerais à une enchère et à tout le tremblement des frais, des poursuites; bref, il faut payer. A samedi. Il me serra vigoureusement la main et s'éloigna.

Dès qu'il fut parti, je pris une sueur froide, je me sentis assailli d'inquiétudes. Où me procurer cet argent? Comment m'acquitter envers Richard? Cette demande de remboursement avait jeté la terreur dans mon âme. Il me fallait de l'argent à tout prix; c'est presque toujours la pression morale exercée par le besoin qui nous entraîne dans les projets les plus criminels. C'est de là que viennent toutes les capitulations de conscience : maudit pays que ce Paris, quand les besoins surviennent, ils sont tellement énergiques qu'ils font taire tous les scrupules.

Vint le soir, je me présentai chez madame de Néris; elle me fit le même accueil, me parla d'abord de choses indifférentes, puis elle me demanda si je songeais sérieusement à rester à Paris; je lui répondis que ce serait un bonheur extrême pour moi, que j'éprouvais une répugnance invincible à retourner à Montargis, mais, qu'étant sans emploi, chaque jour je faisais une brèche à mon petit capital et que, par besoin d'argent, j'étais obligé de capituler. J'appuyai sur ce mot besoin d'argent. — Je le comprends, me dit-elle, vous avez dans votre bourse une somme plus ou moins forte. — Dites très-petite, madame, repris-je. — Eh bien ! très-petite ; si chaque jour vous y puisez, si l'écu de cinq francs qui s'en va n'est pas remplacé par un autre écu qui revient, dans un temps donné il ne vous restera rien. Vous ne voulez pas avoir recours aux usuriers et achever votre ruine? — Non, madame ; d'ailleurs je n'ai qu'une petite ferme et encore m'est-elle disputée par un procès pour des hypothèques légales. Je serais heureux de rencontrer une protection, un appui, une main bienfaisante qui m'aidât à sortir de cette terrible position. — Voulez-vous que je vous parle avec franchise, me dit madame de Néris. — Je vous écoute, madame. — Eh bien ! monsieur, j'ai peur que vous réussissiez difficilement. — Pourquoi cela, madame? — Vous avez la bonne volonté, le désir du succès, mais vous avez peu de constance dans vos idées ; vous avez une âme de poète ou d'artiste, vous n'avez pas cette solidité d'ambition qui fait qu'on arrive malgré tous les obstacles. — C'est me juger un peu sévèrement, madame, lui dis-je ; mon séjour à Paris m'a donné quelque expérience, il y a chez moi nécessité et bonne volonté. — Je le désire, répondit-elle. Écoutez : il me serait peut-être possible de vous faire admettre comme secrétaire de M. le secrétaire du ministre de l'intérieur ; le traitement est de trois mille francs ; c'est presque une sinécure. Cela exige de l'instruction et surtout une discrétion à toute épreuve. Plus de folie, une tenue sévère, et pour moi un dévouement sans limite. — Madame, répondis-je, je ne peux pas vous dire jusqu'où irait ma reconnaissance.

Je pris ses mains que j'embrassai avec ardeur : rester à Paris, devenir secrétaire de M. le secrétaire du ministre de l'intérieur, être indépendant, ne plus retourner à Montargis, me créer une position honorable, ce serait le comble de mes vœux.

Ce premier moment d'émotion passé, madame de Néris reprit : — Je dois pourtant vous dire que cette place a des exigences. Je vais m'expliquer, j'aime les positions franches. J'ai passé plusieurs années en Russie ; depuis une année seulement, je suis de retour. L'amitié la plus intime m'unissait au premier secrétaire de l'ambassade russe, aujourd'hui secrétaire du ministre de l'intérieur. Par des motifs d'avenir, et sur lesquels je me dispense de vous en dire davantage, j'ai besoin d'avoir auprès de lui une personne sûre, qui me soit dévouée et qui puisse surveiller ses démarches. C'est une position délicate de part et d'autre, elle exige une discrétion à toute épreuve ; vous êtes un homme d'intelligence, vous n'hésiterez pas entre cette place honorable et lucrative et le retour vers une profession aussi vulgaire que celle de maître d'hôtel. Ainsi vous voyez quel engagement nous unirait : ce serait une existence nouvelle, il faudrait renoncer à vos anciens amis, à vos maîtresses ; il me faut un homme grave et surtout dévoué.

Ces paroles me troublèrent, je commençais à comprendre à quelle condition j'obtenais la place de secrétaire; c'était en quelque sorte un espionnage permanent. J'hésitais; tout à coup elle se leva, ouvrit le tiroir d'une magnifique table à ouvrage :
— Tenez, me dit-elle, j'ai un coupon de loge pour la représentation du *Prophète*, voulez-vous venir demain, à six heures, je vous attendrai; nous irons dîner au café de Paris et du café de Paris à l'Opéra.
— J'accepte, lui dis-je très-ému, mon bonheur m'effraye. — Oh ! rassurez-vous, dit-elle en se levant, tout s'arrangera au gré de vos désirs et de la raison. A demain, me dit-elle, à demain.

A peine rentré dans ma chambre, je m'écriai : Que vais-je faire? Accepter une mission déshonorante! Me transformer en un vil espion ! Mais c'est une ville infernale que Paris. Si, dès les premiers jours de mon arrivée, on m'avait fait une semblable proposition, j'aurais écrasé de mon mépris celui qui aurait osé me l'adresser, et tout à l'heure, Dieu me pardonne, j'ai signé le pacte du diable. Demain je vais avec elle à l'Opéra, et après-demain je suis son esclave ; elle aura le secret de ma vie, et, si elle le veut, elle pourra me flétrir.

Je n'irai pas à ce rendez-vous ! m'écriai-je avec douleur ; non, je n'irai pas ! Puis, me rappelant les menaces de Richard : Hélas ! me dis-je tout bas, j'irai. C'est ainsi que les événements, la fatalité, vous font peu à peu dévier de la route du bien pour vous jeter, malgré vous, sur celle du mal.

CHAPITRE XIX.

LE CAFÉ DE PARIS. — LA LOGE DE L'OPÉRA. — UNE MAUVAISE AFFAIRE.

Aux remords que me firent éprouver les engagements que je venais de prendre avec madame de Néris, vint se mêler la terrible pensée du remboursement des deux cents francs de Richard. Comment rendre cet argent? Les termes dans lesquels il me réclamait sa dette ne me permettaient pas de songer à un ajournement. C'est à peine s'il me restait cent cinquante francs dans ma bourse, et le lendemain je devais en dépenser soixante. C'était à en devenir fou, à me familiariser avec la pensée du suicide. Il ne faut jurer de rien, à Paris, la vie est exposée à passer brusquement des joies les plus folles au plus profond désespoir. Le sens moral s'y abaisse continuellement au niveau de l'argent qu'on a dans sa bourse. Inquiétudes mortelles sur le présent, inquiétudes sur l'avenir, tout débordait de mon cœur, et, comme Mignon, je me mis à regretter mon pays, ma patrie et la Croix d'Or.

Un peu avant l'heure indiquée, je m'occupai des soins de ma toilette. A six heures, je me rendis chez madame de Néris. Elle était prête, contre l'usage ordinaire des dames de son âge. Sa toilette était d'une simplicité élégante, de bon goût et sans aucune prétention. En la voyant avec des manières si distinguées, on se surprenait à regretter qu'elle eût dix années de trop.

Nous arrivâmes au café de Paris, le plus élégant des restaurants du boulevard. Le garçon nous indiqua le pavillon de la rue Taitbout. Nous nous plaçâmes à une petite table. A peine y avait-il place pour deux en se touchant les genoux. Le linge, l'argenterie, le couvert, étaient admirablement propres et brillants. On comprend dans ces établissements tout le confortable et le luxe de la vie élégante. Assis sur une chaise aux coussins élastiques, je sentais le repos avec délices. Le garçon était plein d'attention et d'intelligence. Il y avait foule autour de nous, mais une foule qui se préoccupe d'elle-même et très-peu des autres. Au milieu de ce monde, on se sent en pleine liberté.

Le dîner fut exquis. Nous bûmes dans des coupes de cristal le vin de Champagne. Madame de Néris fut gaie, spirituelle. — Deux fois je pressai sa main de reconnaissance pour ses paroles pleines de bienveillance. Il y avait des images et de l'imprévu dans sa conversation; aussi je l'écoutais avec le plus vif intérêt. Dans ces courts instants des joies de la table, le cœur est babillard, je lui parlai à mon tour du délabrement de ma position financière; elle en riait : c'était une précaution pour la carte du dîner, qui grossissait à vue d'œil par les demandes qu'elle faisait de friandises très-coûteuses.

— Mon cher ami, me disait-elle, Paris est une bonne ville, mais la condition essentielle du succès est l'appréciation juste des choses. Un caractère calme, des amis bien placés, le savoir-faire, beaucoup de méfiance, ne pas la montrer, de la bonne volonté et une suite dans les idées ; avec ces vertus on réussit toujours. On apporta la carte, elle s'élevait à trente-sept francs; je remis quarante francs au garçon, évitant de les montrer à madame de Néris. En même temps que je me séparais de cet argent, je sentais un frisson me parcourir des pieds à la tête. Quarante francs pour un dîner, quand on possède à peine cent cinquante francs!

Pendant le trajet du café de Paris à l'Opéra, en passant devant le café Tortoni, madame de Néris me dit qu'elle était folle des fleurs; je lui achetai un bouquet. Le marchand les vend cinquante centimes. Comme je donnais le bras à une grande dame et qu'il est interdit de marchander, il m'en demanda trois francs; je payai.

Nous fûmes admirablement placés à l'Opéra : une loge d'avant-scène. Il me fut permis d'admirer la grandeur et la richesse de la salle. C'était merveilleux, quoique déjà habitué au luxe des théâtres de l'Opéra-Comique et des Français. Ce qui excitait mon admiration était ce pêle-mêle de femmes, de fleurs, de dentelles, de diamants, des élégants en gants blancs, lorgnant les dames encadrées dans ces magnifiques loges or et blanc. — Le grand Opéra, me dit madame de Néris, n'est pas mon théâtre, je préfère les Italiens. La musique italienne a pour moi un charme indéfinissable. C'est de la véritable musique. Ce théâtre vous plaira peut-être davantage.

En ce moment la toile se leva. Je fus émerveillé. Les chants, les costumes, les décorations, la musique, me jetaient dans un véritable ravissement. L'exécution me parut admirable. C'était de la perfection; la fleur des talents. Je n'avais rien vu de plus beau. — Mon cher ami, me dit madame de Néris, vous êtes tout à fait province. Vous êtes en dehors du temple. Vous admirez tout cela, et elle se mit à rire derrière son éventail. J'en excepte Roger. Tout ce que vous voyez est d'une vulgarité désespérante. Vous avez le goût si neuf que tout vous paraît beau ; vous n'avez pas le sens musical ; l'exécution est très-incomplète. Vous vous formerez. A Paris, il faut faire son éducation sur beaucoup de choses, ce qui est difficile quand on n'a pas un guide éclairé.

Pendant l'entr'acte du quatrième acte, je lui demandai la description du Théâtre-Italien et lui exprimai le désir d'entendre ses artistes, mais elle était préoccupée, elle m'écoutait sans m'entendre. Tout à coup, m'interrompant sur mes nombreuses questions, elle me dit : — Avez-vous réfléchi à la proposition que je vous ai faite hier ? —Sans doute, lui répondis-je. — Et quelle est votre réponse ?

Au même instant on frappa trois coups à la porte de la loge. Je fus ouvrir. Un jeune homme en gants jaunes, lorgnon sur l'œil, barbe noire, se présenta. — Monsieur, me dit-il, c'est bien vous qui m'avez frappé dans le jardin Mabille, à propos d'une femme nommée Florine? Je restai stupéfié. — Est-ce vous, monsieur? — Oui, monsieur, c'est moi, lui répondis-je. — En ce cas-là, vous êtes un faquin ! En même temps, il me lança son gant au visage. — Vous accepterez un duel, s'écria-t-il, ou je suis résolu à me venger à tout prix. — Monsieur, lui répondis-je, vous choisissez mal votre moment, car, sans madame, je vous aurais brisé contre le pilier de cette loge; vous auriez reçu la correction que vous méritez, ajoutai-je en le retenant avec la main droite, je la respecte trop pour faire un tel scandale. — En effet, dit-il insolemment, cette dame est très-respectable. — Assez, monsieur, demain je vous donnerai la leçon et la satisfaction que vous méritez. Envoyez-moi vos amis !

Il quitta la loge.

On comprend l'émotion que dut éprouver madame de Néris. Elle était fort émue, très-pâle et découragée. Le spectacle s'acheva. L'un et l'autre, nous étions distraits, préoccupés. Ce nuage dans notre ciel d'azur avait fait disparaître notre bonheur.

CHAPITRE XX.

DUEL AU BOIS DE VINCENNES.

En rentrant dans ma chambre, après avoir accompagné madame de Néris chez elle, je me livrai aux réflexions les plus amères ; j'étais mécontent de moi, mécontent des autres. — En vérité, m'écriai-je, on dirait qu'un mauvais génie s'attache à mes pas ! Il semble que la destinée veut me contraindre, malgré moi, à retourner à Montargis. D'abord c'est Richard qui vient me réclamer les deux cents francs que je lui dois, et je n'ai pas le sou. C'est Florine qui me prie de l'inviter à dîner et de la conduire au bal ; j'accepte ; une sorte d'aristo en gants blancs me l'enlève, je me fâche, je lui donne un soufflet, me voilà un duel sur les bras. Si je provoquais ces situations ; mais non, je ne demande à la vie que des plaisirs faciles. Un duel, ce ne serait rien, mais le côté le plus inquiétant de ma position c'est la perte de ma place. Madame de Néris s'est expliquée franchement avec moi : plus de folies, de la prudence, de la discrétion, et la première fois que je lui offre mon bras, il m'arrive une scène déplorable, et puis il l'a traitée de femme respectable; elle a dû comprendre cette impertinence : tout conspire contre moi. Oh! Il y a des moments dans la vie où, comme le docteur Faust, on vendrait son âme contre la puissance de faire sa volonté.

Je passai une nuit très-agitée. Le lendemain, Robert Duclos se présenta. — Je viens, dit-il, chercher ta réponse, un oui ou un non. — Quelle réponse ? Veux-tu faire partie de notre société secrète ? — Il s'agit bien de cela, m'écriai-je avec humeur ! J'ai un duel avec M. de Morancé ; j'attends les témoins pour régler le lieu et l'heure du combat. — Tu as accepté ? — Sans doute ! — Tu as eu tort. — Pourquoi ça ? — C'est que les lions du café de Paris sont des professeurs de duel. Il a besoin de se faire une réputation aux dépens des jeunes gens de province; il te tuera !

On frappa à ma porte, c'étaient les témoins de M. de Morancé. — Monsieur, me dit l'un d'eux, M. de Morancé est résolu à poursuivre la réparation qu'il vous demande : signez cette rétractation, qui sera rendue publique, ou acceptez le duel. — Messieurs, répondis-je, j'habite Montargis, je suis à Paris contre la volonté formelle de mon père et celle de ma famille. Je ne redoute pas le duel, mais dans les intérêts de ma position financière, je peux compromettre mon avenir; je ferai volontiers des excuses verbales à M. de Morancé, je ne les signerai pas. — En ce cas, monsieur, le duel aura lieu, dit le premier témoin.

— Pardon, s'écria Robert en se mettant entre nous, je crois que M. de Morancé fait de la fausse bravoure. Mon ami est dans une position exceptionnelle, il y va pour lui de sa fortune, il peut être déshérité par sa tante; je suis son meilleur ami, je me nomme Robert Duclos, et j'offre à M. de Morancé ou à vous, messieurs, de répondre, à l'épée ou au pistolet, à la provocation que vous venez lui adresser. — Monsieur, répondit le second témoin, notre mandat ne nous permet pas d'accepter la proposition que vous nous faites l'honneur de nous adresser. M. de Morancé a été insulté et frappé par M. Montagny, il en demande la réparation. Acceptez-vous?—Eh bien! messieurs, j'accepte, m'écriai-je : le duel à Vincennes et au pistolet, demain, à sept heures du matin; mes témoins seront M. le commandant Saint-Lambert et M. Robert Duclos. Alors demain, à sept heures, à la barrière de Charenton. — A demain, répondirent les témoins. Et ils se retirèrent.

A sept heures du matin, nous arrivâmes en fiacre à la barrière. Pour ne pas éveiller de soupçons, Robert se sépara de nous et fut rejoindre les témoins de M. de Morancé. Pendant le trajet, le commandant me donna des explications sur les moyens de diminuer les chances du duel : faire disparaître mes bijoux, chaîne de montre, épingle, bien m'effacer et tenir le pistolet droit à la hauteur du visage, pour m'en servir comme d'un abri. Nous nous enfonçâmes dans les avenues, pour ne pas être aperçus des gardes et des passants. Arrivés dans un endroit désert et masqué par d'épais taillis, les témoins s'éloignèrent de nous pour régler les conditions du combat.

— Messieurs, dit le commandant aux témoins, je dois vous prévenir que ce combat aura nécessairement des suites fâcheuses. M. Montagny est un des premiers chasseurs du département du Loiret, il possède une grande habitude des armes, en sorte que, pour M. de Morancé ou pour M. Montagny, il peut résulter une blessure grave, une mort peut-être, et, ce qu'il y a de plus triste encore, un procès. Le moyen le plus raisonnable, pour éviter les ennuis du procès, serait de charger les pistolets avec des balles de liége. La cause du duel est très-futile : une actrice du théâtre des Variétés enlevée par M. de Morancé à M. Montagny. Croyez-en, messieurs, ma vieille expérience, il y va de notre honneur à tous ; il y aurait du ridicule pour les champions et les témoins.

Ces paroles, prononcées d'un ton absolu, produisirent l'effet qu'en attendait le commandant. Les témoins avaient ignoré que j'étais un des bons chasseurs du Loiret; ils acceptèrent les propositions. Les pistolets furent chargés avec des balles de liége; on nous plaça à trente pas, avec défense expresse de franchir une ligne tracée sur le terrain. M. de Morancé, ainsi que moi, nous nous approchâmes jusqu'à la limite désignée, j'observai rigoureusement les conseils que le commandant m'avait donnés. A la distance indiquée, nous fîmes feu en même temps; à la faiblesse du coup, je compris que les pistolets avaient été chargés à poudre. M. de Morancé était très-pâle, il voulut recommencer; les témoins s'y opposèrent et affirmèrent que l'honneur était satisfait, que nous nous étions battus avec autant de courage que feu les représentants de l'Assemblée nationale.

M. de Morancé me tendit la main, on nous fit embrasser. On parla de déjeuner. — Pardon, messieurs, m'écriai-je vivement, je payerais volontiers à déjeuner, mais je n'ai pas le sou; malgré ma bonne volonté, il me serait impossible de faire plumer les canards. — En ce cas, reprit M. de Morancé, permettez-moi de vous offrir à déjeuner, et si vous n'êtes pas en fonds, ma bourse est à votre service. J'acceptai le déjeuner, je refusai l'argent.

Le déjeuner fut très-gai ; on se quitta en se promettant de se revoir.

En revenant à Paris : — Voilà bien la vie ! s'écria le commandant ; il y a des moments où il faut laisser faire la destinée. Hier, vous étiez aux prises avec une situation douloureuse, et, de cette situation, il en sort précisément un événement heureux. Vous aviez pour ennemi personnel M. de Morancé, il devient votre ami ; vous avez besoin d'argent, il vous en offre. — C'est une bonne et rassurante philosophie que vous m'exposez, cher commandant, mais elle ne me fera pas découvrir les deux cents francs que je dois rembourser à Richard, et je n'accepterai pas l'offre de M. de Morancé. — Après ça, mon ami, reprit le commandant, si la destinée ou plutôt la Providence nous prête son appui, elle veut qu'on fasse quelques efforts pour le mériter. Cherchez et vous trouverez, a dit l'Évangile.

CHAPITRE XXI.

AFFILIATION A UNE SOCIÉTÉ SECRÈTE.

La jeunesse est imprévoyante et aventureuse. Les recommandations du commandant avaient été formelles. — Gardez-vous, m'avait-il dit, de vous faire recevoir dans les sociétés secrètes. La police a les yeux ouverts sur toutes ces réunions. Laissez votre ami Robert s'exposer seul. Vous verrez qu'il ne tardera pas à expier sa fatale imprudence.

Je ne tins aucun compte de ces sages conseils.

Un soir, Robert vint me prendre et me conduisit rue de Charonne, dans l'une des maisons les plus solitaires de la rue. Il fallut traverser une longue cour. Robert s'arrêta devant une porte, frappa deux coups avec sa clef, et recommença un instant après. Un frère vint ouvrir et nous introduisit dans une vaste salle où se trouvaient réunis les membres de la société des Amis de la Vérité.

En entrant dans ce bouge effrayant, je fus suffoqué par la chaleur et l'odeur de la pipe. La salle était mal éclairée; les lumières se réflétaient d'une façon sinistre sur toutes ces figures; on eût dit le préau d'une prison. Dans le fond de la salle, sur une sorte de théâtre, apparaissaient le président et ses deux secrétaires; ils étaient assis autour d'une table couverte d'un tapis vert; un peu au-dessous était la tribune. Le président était un homme de quarante-cinq ans, tête chauve, barbe grisonnante, petits yeux enfoncés et pleins de feu. Deux drapeaux rouges flottaient au-dessus de sa tête. Le nombre des frères s'élevait à vingt; les statuts de la société ne permettaient pas de dépasser ce nombre. La séance suspendue, on fumait, on buvait de la bière, du vin bleu; les propos les plus insolents et les plus grossiers circulaient sur les aristos et les bourgeois. On racontait des traits de courage des frères morts sous les balles homicides des soldats, dans les journées des 3 et 4 décembre. Chacun répétait que la sociale aurait un jour sa revanche, et qu'elle se vengerait des cruautés exercées contre elle. Le président se leva, frappa un grand coup avec son marteau de bois, et s'écria :

— Citoyens, la séance est ouverte.

Chacun s'empressa de prendre sa place.

— Citoyen, dit-il à Robert, tu sais qu'il existe une consigne rigoureuse imposée aux membres de notre société; elle est une loi pour tous. A huit heures, chacun doit être rendu dans la salle des séances; à huit heures et demie, les délibérations commencent. Déjà il est neuf heures. La surveillance exercée sur nous, les dangers auxquels on s'expose, ceux auxquels on expose les frères, l'exil, qui peut être éternel, tout nous impose l'obligation d'arriver, ainsi que cela est convenu, deux par deux et de cinq minutes en cinq minutes. Qu'à la prochaine séance chacun se conforme à cette consigne, ceci dit une fois pour toutes.

— Citoyen président, répondit Robert, nous arrivons à l'instant de Vincennes; nous étions traqués par des gardes. Ce matin, mon ami s'est battu en duel; après deux coups de feu échangés sans blessure de part ni d'autre, il a fallu nous réfugier dans une maison de paysan et y rester jusqu'à sept heures.

— C'est bien, dit le président; mon devoir était de t'avertir. Chacun est libre d'exposer sa vie; mais dans une société secrète, nos frères sont solidaires de nos imprudences. Pour le salut de tous, il faut donc veiller à ne compromettre celui de personne.

— Citoyen, ajouta-t-il, approche.

Je me levai et je fus me placer à sa droite.

— Écoute, me dit-il. On répand dans le monde le bruit que, dans les sociétés secrètes, on prononce les serments les plus terribles, on promet d'immoler père et mère plutôt que de dévoiler les secrets de la société, on soumet les frères aux épreuves morales et aux épreuves physiques les plus effrayantes ; notre société ne fait pas usage de ces sortes de fantasmagories, seulement rappelle-toi ce que je vais te dire. Il existe ici des secrets qui ne sont connus de personne. Quelle que soit la vigilance de la police, elle peut nous surprendre, mais nous avons des moyens infaillibles de lui échapper. Nous pouvons impunément frapper celui qui nous dénoncerait. L'impunité est assurée, voilà le secret de notre force. Tu vas simplement prononcer le serment de fidélité à la société, et de ne jamais dévoiler ce que tu verras et ce que tu entendras. Si tu oublies ton serment, tu seras frappé de mort ! Tu m'entends ! Je te parle avec calme ; c'est te dire que nous serions sans pitié. Une dernière recommandation : prononce ces mots : « Je jure de vouer ma fortune et ma vie à la défense de la république démocratique et sociale, et de ne jamais trahir mes frères. »

Je répétai le serment.

— A présent, me dit le président, il faut te procurer des armes et des munitions, et te tenir prêt à marcher au premier avis. Retourne à ta place.

Le secrétaire lut le procès-verbal de la dernière séance. Un des membres de l'assemblée demanda la parole sur le procès-verbal.

— Citoyens, la persécution et la terreur, mises

à l'ordre du jour contre le parti socialiste, nous avertissent que la police est décidée à nous faire une guerre à mort. S'il ne s'agissait que de quelques mois de prison, même d'une station à Belle-Isle-en-Mer, il n'en est pas un de nous qui ne fît ce sacrifice avec joie à la patrie; mais on nous menace de l'exil, on nous menace de nous séparer pour toujours de la France. Nous devons donc redoubler de prudence, et faire disparaître toutes les traces qui pourraient servir de base à une accusation. On revient de Mazas, on revient du Mont-Saint-Michel; on ne revient pas de Cayenne. Je réclame donc qu'on fasse disparaître les drapeaux rouges et la ceinture rouge du président, parades inutiles et très-compromettantes. C'est en effaçant les traces de notre réunion que vous affaiblirez l'action judiciaire qu'on pourrait diriger contre nous.

— Citoyens, répondit le président, j'ai dit à l'ouverture de la séance que j'avais à ma disposition un moyen infaillible d'échapper à toutes les recherches, vous pouvez vous fier à moi; vous n'avez à craindre aucun danger. Avec ou sans le drapeau rouge, serions-nous moins coupables si nous étions surpris? Conservons ces emblèmes qui nous rappellent nos serments et nos devoirs! Livrons-nous avec la plus grande sécurité à la discussion qui doit nous éclairer sur les voies et les moyens de reconquérir ce que l'incapacité de l'Assemblée nationale nous a fait perdre... Jean-Pierre Duru, tu as la parole.

Jean-Pierre Duru se dirigea vers la tribune. C'était un homme long, sec, pommettes saillantes, des yeux enfoncés sous une voûte ombragée de vastes sourcils noirs.

Il s'exprima ainsi :

— Nous avons été vaincus ; c'est un aveu douloureux à faire ; mais si la victoire a déserté l'étendard du vrai peuple, il ne faut pas pour cela se livrer au découragement. Rappelez-vous que vous êtes membres de la grande famille française, d'une nation essentiellement mobile et changeante, toujours prompte à renverser ses idoles, toujours prête à porter les grands hommes sur le bouclier, et le lendemain les jeter aux gémonies. Examinons notre situation.

« La société est divisée en deux camps, ou plutôt en deux partis : l'un, le parti prétendu honnête ; l'autre, le parti socialiste.

« L'un, partisan de l'autorité ; l'autre, de la liberté.

« Notre parti est le plus fort, le plus nombreux et le plus impérissable ; il survivra toujours : c'est l'hydre de Lerne ; on peut lui couper ses têtes, elles renaîtront sans cesse. Que demande notre parti ? Une égalité parfaite, c'est-à-dire le résumé le plus accompli de la civilisation, l'égalité, son but incontestable, le bien-être de tous.

« Je venais donc, mes frères, vous supplier de ne pas vous abandonner au découragement, et de vous rappeler ces vers du poëte Béranger :

Les vents et les flots sont changeants.

« Le bien-être universel, une répartition égale des richesses ; plus de pauvres, plus de riches : voilà ce que nous voulons, ou guerre éternelle à la société ! »

Il descendit de la tribune au milieu des bravos de l'assemblée.

— Antoine Fossoyeux, tu as la parole, dit le président.

C'était un homme au teint coloré et à la physionomie commune. Il s'exprima ainsi :

— Citoyens, l'orateur qui descend de la tribune est sans contredit un poëte qui nous arrive des champs, ou un historien pastoral de l'école de Berquin ou de Florian. Que veut-il ? Le partage des richesses, le bien-être de tous; qu'il n'y ait plus de pauvres, plus de riches ? Par le souvenir sacré de Danton et de Robespierre ! est-ce possible ? Avouons donc franchement, comme nos frères de Clamecy et de Béziers, ce que nous voulons. Je vais vous le dire. Ce que nous voulons, ce sont les richesses des riches, les filles des nobles et des bourgeois, une anarchie générale, et, à la faveur de cette anarchie, nous livrer à tous les emportements de la débauche et du pillage. Est-ce que vous espérez obtenir un morceau de pain, une parcelle de la table du riche autrement que par la force? Les derniers événements de décembre ont prouvé notre impuissance. Ne comptons pas sur la victoire de Salamine, la société est trop bien défendue; vous l'avez surprise en février; elle ne se laissera pas surprendre une seconde fois. La seule chance de salut qui nous reste est dans les intrigues des vieux partis, et dans cet éternel esprit d'opposition des bourgeois de Paris. Il est possible que, dans une circonstance donnée, une lutte s'engage; notre parti est hardi, il en profitera pour s'emparer du pouvoir. Aujourd'hui, chacun sait ce que nous voulons. Nous avons autant d'ennemis qu'il y a de pavés dans les rues et de buissons dans les champs. Ce ne sera donc qu'avec la patience, par un travail souterrain que nous pourrons miner la société. Le tremblement des barricades ou des imbéciles qui vont se faire tuer sans profit pour leur parti est passé de mode. Reste la propagande, la parole, le discours chez le marchand de vin, dans les réunions ouvrières; préparons les esprits à la lutte, au combat. Au reste, je suis un bon garçon, peu ambitieux : une bourse pleine d'or, trois heures de pillage et un passe-port dans ma poche, je serai satisfait.

Il alluma sa pipe à la chandelle du bureau, et descendit de la tribune au milieu de bruyants applaudissements.

— Citoyen Grivot, tu as la parole.

Le citoyen Grivot était un homme de soixante ans, cheveux blancs, au teint coloré; il monta à la tribune. On me dit que c'était le rédacteur d'un nouveau journal politique. Après avoir promené lentement ses regards sur l'assemblée, il parla ainsi :

— Vous savez que l'une des conditions de notre association est de payer chaque mois la cotisation de trois francs. Comme l'un des plus anciens fondateurs de cette société, il m'a été permis d'examiner ce que devenait notre cotisation mensuelle (il tira un papier de sa poche et lut) :

« *Doit*. Reçu, pour la cotisation des membres de la 107e centurie, la somme de quatre-vingt-cinq francs.

« Reçu, par des quêtes quotidiennes dans divers ateliers, celle de deux cent dix-huit francs.

« Lesquelles sommes forment ensemble celle de trois cent trois francs.

« *Avoir*. Pour l'éclairage de la salle des séances, dix-huit francs; pour dépenses secrètes, deux cent quatre-vingt-un francs; en caisse, quatre francs.

« Telle est, citoyens, la situation de la caisse de la société.

« La location de cette salle n'est pas payée, et

déjà deux cent quatre-vingt-dix-neuf francs sont dépensés sans qu'on en justifie autrement que par ces mots : *dépenses secrètes*. J'en ai parlé au caissier, qui m'a renvoyé au président ; le président m'a renvoyé de nouveau au caissier. Je viens donc formellement dénoncer le président comme ayant dépensé pour lui personnellement le fonds de caisse, et le mettre en accusation, à moins qu'il n'en justifie par des quittances régulières.

Le président frappa un violent coup de marteau sur la table, releva ses moustaches, fit flamboyer ses regards, et répondit ainsi :

— Citoyens, dans toutes les associations où le citoyen Grivot a été admis, il a plusieurs fois essayé de se faire nommer président, sans avoir réussi à obtenir au delà de deux voix pour la présidence. Blessé du peu d'importance qu'on donnait à son talent et à sa personne, il a voulu s'en venger en apportant le trouble et la désunion dans les rangs de notre société. Il est triste pour moi de l'accuser ainsi, dans un moment où notre parti s'est appauvri de son sang le plus généreux, et par l'absence de ses plus nobles défenseurs. Citoyens, en présence des malheurs qui nous menacent encore, on ne parviendra pas à rompre nos rangs ; Grivot en sera pour la honte de sa méprisable tentative.

Le citoyen Grivot, toujours à la tribune :

— Citoyens, toutes ces phrases ne répondent pas

à ma question. Que sont devenus les trois cent trois francs recueillis dans les quêtes et cotisations?

Le président, continuant :

— Comment ! c'est au moment où notre parti disparaît, pour ainsi dire, de la scène politique, où nos amis gémissent dans l'exil ou dans les fers, qu'on vient me demander compte d'une aussi faible somme?

Le citoyen Grivot, avec insistance :

— Revenons à la question. Que sont devenus les fonds produits par la cotisation et les quêtes?

— D'abord, citoyens, reprit le président, mes dépenses doivent être secrètes ; je suis juge de la manière dont je dois les dépenser. Nous engageons une lutte contre le gouvernement ; j'envoie des émissaires dans les départements : m'est-il possible, chaque fois que j'adresse un frère dans la Nièvre ou dans l'Allier, de lui demander une quittance de l'argent que je lui remets? Aucun d'eux ne voudrait signer une pareille quittance : la mission est toute de confiance. Le simple soupçon du citoyen Grivot est une injure. Je demande qu'une commission d'enquête soit nommée pour que je puisse répondre aux diverses questions qui me seront adressées, et justifier autant qu'il dépendra de moi les dépenses qui ont été faites. La nomination de la commission d'enquête est ajournée à la fin de la séance.

— Citoyen Marcel, tu as la parole.

Un petit jeune homme à figure pâle, barbe bien taillée, paletot boutonné jusqu'au menton, se présenta à la tribune ; il éteignit son cigare du bout de son doigt ganté, se retourna froidement vers le président, et lui dit :

— Je me nomme Saint-Marcel, et non Marcel tout court.

— Il n'y a pas de saint ici, répondit brusquement le président ; nous ne reconnaissons pas ces qualifications. Marcel, tu as la parole.

Le jeune homme se retourna vers l'assemblée avec un visage impassible.

— Messieurs...

Le président, frappant avec violence un coup de marteau sur le bureau :

— Il n'y a pas de messieurs, ici ; dis citoyens.

— Messieurs..., reprit le jeune homme.

— Je te répète, dit le président, qu'il est d'usage dans nos réunions d'employer le mot citoyen ; cet usage date de la Convention. Toutes les sociétés politiques s'interdisent le nom de monsieur. Dis citoyen, ou je te rappelle à l'ordre.

— Citoyens, je me suis servi du mot messieurs, parce que ce terme est plus poli, plus moderne que celui de citoyen : il ne rappelle pas les tristes souvenirs de notre histoire ; il est passé dans nos usages. Vous avez d'ailleurs tellement avili le nom de citoyen, que vous êtes parvenu à en faire une injure.

Monsieur est un nom dont personne ne s'offense : citoyen est un ridicule.

— Assez, répéta le président ; nous appelons citoyen celui qui habite dans une cité libre, et qui lui est dévoué. Nous maintenons le mot ; ta définition prétentieuse ressemble à une plaidoirie d'avocat. Va au fait.

Le jeune orateur continua, et dit en souriant :

— En vérité, au lieu des deux mains entrelacées représentant la fraternité, vous nous montrez sans cesse une tête de Méduse. On dirait que c'est un besoin chez toutes les républiques de faire de la terreur. Mais laissons là nos récriminations, et, comme dit votre président, allons au fait.

« Chaque parti, en France, est impatient de s'emparer du pouvoir. Vous voulez le prendre par violence ou par surprise ; nous voulons entrer par une porte plus honorable : la légitimité et le bon sens. Vous agiterez la société de fond en comble, l'ordre reviendra toujours, et vous serez châtié comme vous l'avez été. C'est une loi qui surgit de toutes les révolutions ; ce n'est qu'une question de temps ; il faut que chaque chose soit à sa place et que chacun soit puni du mal qu'il a fait. La société ne tombera pas de nouveau entre les mains des journalistes, des poëtes, des avocats et des hommes en blouses : elle a trop souffert ; mais il est possible qu'elle soit réveillée par un mouvement populaire.

Enfant perdu du parti royaliste, je me jette dans vos rangs dans l'espoir de diriger un jour ce mouvement. La France penche vers la monarchie. La république n'est possible que chez un peuple agriculteur : la France a besoin de repos et d'un principe pour la gouverner; le travail et la richesse ne sont possibles qu'à ces conditions. Louis Bonaparte a rendu de grands services, et il a donné un grand enseignement à ceux qui lui succéderont. Pour gouverner ce pays, il faut enchaîner sa liberté, il faut un pouvoir fort et puissant. Louis XVI, Charles X, Louis-Philippe, n'ont succombé que parce qu'ils n'ont pas osé. Le peuple de Paris est ingouvernable avec la liberté : l'expérience en est acquise. J'ignore l'avenir que Dieu lui réserve, mais, à coup sûr, la liberté ne reparaîtra pas dans un costume aussi transparent que celui qu'elle portait sous les règnes précédents. Quel est le résumé de notre situation? Les légitimistes restent légitimistes; les orléanistes restent orléanistes; les républicains, républicains; les bonapartistes s'attachent à la fortune de l'empereur. Quant à la fusion des partis, elle est impossible. Les ligueurs ne se sont jamais rallié à Henri IV! la noblesse, à Napoléon et à Louis-Philippe! Elle a laissé tomber ces deux monarchies, même en ayant devant elle les terreurs de la guerre étrangère et les terreurs de la guerre civile.

« Les dangers et les espérances restent donc les mêmes.

« En attendant que les caprices du sort transforment la situation politique de ce pays, je viens m'affilier à votre société. Je sais qu'elle se compose d'hommes de courage, qu'ils n'attendent que le moment de le montrer. Je vous ai vu à l'œuvre; au besoin, vous vous battrez sans regarder la couleur du drapeau. Je reste donc parmi vous jusqu'à l'heure où de nouvelles destinées apparaîtront à la France, décidé à vous aider de mes paroles et de mon argent. »

Il descendit de la tribune et regagna son banc au milieu du plus froid silence.

— Citoyen Michel, tu as la parole, dit le président.

J'avais eu soin de ne déclarer que mon prénom. Je me dirigeai vers la tribune.

— Citoyens, après avoir écouté avec attention les discours prononcés à cette tribune, permettez-moi de vous le dire, si je veux appeler les choses par leur nom, nous sommes une bande de voleurs.

— A la porte! à la porte! s'écria-t-on de toutes parts.

— Pardon, citoyens, ce n'est pas d'aujourd'hui seulement que j'ai cette opinion, et même je ne suis pas seul de mon avis.

Les cris redoublèrent.

— Comment, vous espérez entrer au pouvoir à l'aide d'un coup de main, d'une lutte entre les deux partis, et, quand vous serez maîtres de la place, vous voulez remplir vos poches d'or, dévaliser les caisses publiques et commettre les mêmes excès que vos frères et amis de l'Hérault et de la Nièvre ! c'est-à-dire que j'aimerais mieux tomber entre les mains de voleurs de grands chemins que d'avoir affaire à des hommes comme vous.

— Citoyen, me dit le président, je ne permettrai pas que tu tires de pareilles conséquences des discours prononcés à cette tribune. Tu as mal compris les orateurs précédents. Voici leur système : Les hommes sont égaux, le soleil, l'air et la terre appartiennent à tous. Comme corollaire de ce système, ils ont droit aux richesses et au bien-être dans une part égale ; ils sont convaincus que la propriété, dans son origine, fut une spoliation, que le plus fort s'en empara aux dépens du plus faible. Ils espèrent ramener l'humanité à un bien-être universel, en imposant de nouvelles lois à la propriété. C'est l'application de la devise fraternelle : Liberté, Égalité, sur une échelle large et humanitaire ; continue.

— Bravo ! bravo ! le président ! s'écrièrent les frères et amis.

— Pardon, président, repris-je en me retournant de son côté, je n'ai point l'intention d'insulter la société. Tous ses membres ne sont pas des filous, mais, à coup sûr, il y en a parmi eux. Je me suis présenté ici avec un foulard dans ma poche, on me l'a volé. J'en suis d'autant plus humilié que mon tempérament est très-humide ; j'éprouve un besoin extrême de me moucher, et la nécessité m'obligerait à des manières qui ne sont pas dans mes habitudes.

A ces paroles, le président, craignant que cette scène ne tournât au ridicule, s'écria :

— La séance est suspendue.

Je descendis de la tribune, je me mêlai à la foule de mes collègues. Quels collègues ! Des garçons bouchers, des marchands de vin, des tailleurs, des industriels de tous les étages. Le légitimiste avait disparu ; j'allumai mon cigare. Une de ces peaux rouges s'approcha de moi sans façon, me prit mon cigare à la bouche. — Eh ! l'aristo, me dit cet homme, il y a longtemps que je fume des pipes, voyons un peu si le cigare me procurera plus d'agrément.

Je saisis sa main que je serrai avec force ; quand il eut éprouvé la vigueur de mon poignet, il voulut me rendre mon cigare ; je ne lui répondis pas. J'en tirai un second de mon étui et je l'allumai. Robert Duclos évitait de me parler ; il cherchait à se populariser dans cette affreuse compagnie. En me voyant au milieu de ces figures sinistres, j'avais le cœur plein de dégoût pour cette tourbe révolutionnaire. Je saisis le moment où la fumée ne permettait plus de se voir, malgré tout l'attrait des violents discours qui devaient terminer la soirée, et je m'esquivai à travers les bouffardes républicaines.

CHAPITRE XXII.

CORRESPONDANCE GALANTE.—NOUVELLE INFIDÉLITÉ.

Le matin, le concierge me remit deux lettres; l'une de madame de Néris. Elle m'écrivait :

« J'ai passé deux jours dans une mortelle inquiétude, chaque soir je m'informais de l'heure de votre retour. Et ce duel, comment s'est-il passé ? Donnez-moi de vos nouvelles ! J'ai à vous entretenir d'affaires sérieuses. Je vous attends ce soir. Permettez-moi de vous rembourser les dépenses du café de Paris. Un mot encore, mon cher voisin. Mettez beaucoup de réserve dans votre conduite privée, évitez vos anciens amis et d'autres relations plus dangereuses, vous pourriez compromettre la position que j'espère toujours vous faire obtenir.

« Amitié et compliments,

« Lucie de Néris. »

La seconde lettre était de mademoiselle Florine.

« Et bien ! mon vieux jaloux, m'écrivait-elle, tu me boudes ; j'ai des torts, je t'en demande pardon. Tu avais payé le dîner, les glaces, l'entrée du bal Mabille, ma soirée t'appartenait. Que veux-tu ? ma tête est si légère. Morancé a beaucoup d'argent, il est généreux et très-capricieux. Je ne sais pas lui résister. Cela n'empêche pas, qu'au fond, je t'aime. Le souvenir de ce bal remplit mon cœur de remords. Viens me voir ce soir ; je joue dans une pièce nouvelle. Mon costume est ravissant et ma personne aussi. A neuf heures je serai libre. Nous irons prendre des glaces chez Tortoni, je veux te faire oublier une infidélité,

« Mille fois à toi,

« FLORINE. »

A neuf heures, passage des Panoramas, galerie des Variétés.

Je tenais d'une main le billet de madame de Néris, et de l'autre, le billet de Florine. Je les regardais : l'un ou l'autre pouvait avoir une grande influence sur ma destinée.

— J'irai au rendez-vous de Florine, me dis-je tout bas ; quant à madame de Néris, elle aura le lendemain. D'ailleurs, Florine n'est pas toujours disposée à me donner une soirée tout entière. Ces amours de théâtre, c'est l'idéal du bonheur, des souvenirs pour toute la vie. Seulement nous éviterons d'aller chez Tortoni, c'est un café éclairé à jour. Je ne veux pas montrer mes amours à tout le monde. Il se pourrait aussi qu'on me dénonçât. Cachons-nous à tous les regards. Paris a cet heureux privilége de protéger les amours, on s'y croit aussi bien en sûreté qu'au fond des bois. Le vice a ses coudées franches, et il en prend à son aise.

A neuf heures précises du soir, je me rendis dans la galerie des Variétés, passage des Panoramas. J'attendais depuis un quart d'heure, Florine ne venait pas. Peut-être est-elle attardée? ou m'oublie-t-elle? Elle est si légère! En ce moment, une femme s'approcha de moi. Ce devait être une ouvreuse du théâtre. — C'est bien vous, me dit-elle, qui êtes M. Montagny? — Oui, madame! — Voici un billet qu'on m'a chargé de vous remettre; j'attends la réponse.

Je lus à la clarté du gaz :

« Mon chéri,

« Une fantaisie, une rivalité, m'a entraînée à la folle dépense d'une robe de moire antique. Pour la payer, j'ai mis mon châle en gage chez une ouvreuse du théâtre. Elle m'a prêté quarante francs. Remets-les à la personne qui te portera ce billet, et je suis à toi de suite. La soirée est froide, je ne peux pas sortir sans mon châle, j'attends ta réponse pour me rendre auprès de toi. — Ta dévouée,

« FLORINE. »

A la lecture de ce billet, je fus stupéfié. Mais cette fascination sensuelle qu'exerce une jolie femme l'emporta. Je supposais bien que l'histoire du châle en gage était fausse. — Monsieur, j'attends la réponse, me dit la personne qui m'avait remis le billet. Je tirai ma bourse, je fis l'extraction de deux pièces d'or. Cinq minutes étaient à peine écoulées? Florine parut, jolie, gaie et légère comme une danseuse. — Où allons-nous prendre des glaces, me dit-elle. Chez Tortoni! c'est bon genre. — Non, répondis-je, allons plutôt chez Durand. Tu prendras des glaces aux fruits, elles sont délicieuses. — Va pour Durand! A propos, me dit-elle, Robert est au bord du fossé! Il va bientôt faire la culbute? Il m'a écrit ce matin pour me demander à emprunter vingt francs. C'est un garçon qui finira mal. Il doit faire partie de quelque société secrète; je t'en avertis, ne vas pas te mêler avec ces gens-là. C'est dangereux. Il cherchera peut-être à t'entraîner; tu ne tarderais pas à rendre visite à la préfecture de police. Robert s'abuse. L'ambition ou le besoin lui trouble la cervelle. — Ma chère amie, à cet égard, rassure-toi, il n'y a pas de danger que je me compromette avec ces bohêmes politiques, je les ai en horreur. — Tant mieux! — Pourquoi cela? — C'est qu'un homme dans ta position qui se compromet dans un tel parti, est un sot ou un ambitieux.

Arrivés chez Durand, nous nous plaçâmes à une table sur le boulevard. On nous servit des glaces aux fruits et un verre de vin d'Espagne. J'allumai mon cigare, Florine prit mon bras et me voilà le plus heureux des hommes avec une jolie actrice à mes côtés. — Ah çà! me dit-elle, une promenade de dix heures du soir à minuit serait un peu fastidieuse : si nous allions achever la soirée à la salle Valentino? — Connais pas! — Raison de plus; traversons la place Vendôme; à droite, en entrant dans la rue Saint-Honoré, tu verras son nom flamboyer sous une couronne de gaz.

Nous entrâmes dans la salle de la rue Saint-Honoré. Elle me parut belle. Les habitués ne répondaient pas à l'élégance de la décoration. Quatre ou cinq quadrilles s'étaient formés. Deux ou trois danseurs un peu excentriques attiraient les regards. Dans ces bals, l'habileté du danseur est d'aller juste aussi loin que le permet la licence. Dès qu'elle est dépassée, le sergent de ville vous met la main dessus et vous fait disparaître. Il y a dans ces bals des danseurs ignobles. A la contredanse, ils se lancent en avant, s'arrêtent court, lèvent le pied à la hauteur du visage de la danseuse en vis-à-vis; et ils retournent à leur place de la façon la plus grotesque. Les femmes sont aussi indisciplinées. Elles ont besoin d'une surveillance incessante.

— La société est un peu avariée ce soir, me dit Florine ; le genre fantaisiste domine. Qu'importe, dansons une polka. Florine dansait à ravir. Avant de jouer le vaudeville, elle avait débuté comme danseuse à un théâtre des boulevards. Sa grâce, la vigueur de sa danse, la firent de suite remarquer. Cela nous valut un cercle de curieux. Après la polka, nous recommençâmes la promenade autour de la salle. Les quadrilles se reformèrent. Malgré son amour pour la danse, l'actrice ne voulut pas danser, les allures de certaines danseuses avaient tempéré son ardeur. Quoique très-pervertie, elle n'appartenait pas encore à ce bas étage du monde galant.

Devant nous, il y avait un quadrille plein d'entrain ; deux jeunes sous-officiers de dragons attiraient les regards ; uniforme de petite tenue, très-jolis garçons, la tête nue, le regard enflammé, les joues couleur pourpre, tous les symptômes de gens qui ont copieusement dîné. Ils dansaient à fond de train, vifs, et joyeux. Par respect pour leur uniforme, leur danse n'offensait pas la morale publique. Florine me donnait le bras, nous faisions partie du cercle. Tout à coup, l'un des sous-officiers s'arrêta en face de Florine. — Eh ! c'est toi, Ninette. Il lui tendit la main. Quel plaisir de te revoir ! J'ai bien des nouvelles à te raconter du pays ! Attends-moi après la contredanse.

Quand j'entendis le dragon lui dire : Attends-moi, j'ai à te parler ; quand je fus témoin de cette familiarité et de l'émotion que le sous-officier fit éprouver à Florine, je compris de suite le dénoûment de ma soirée. Un duel ou une séparation. Avec une fille du caractère de Florine, c'était inévitable. Je voulus profiter du moment où la contredanse retenait encore le dragon pour emmener Florine. — Cela n'est pas possible, me dit-elle, il va me donner des nouvelles de mon pays et de ma famille. Ne crains rien, c'est un ami d'enfance, le fils de M. Pascal le notaire, un peu mauvaise tête ; il s'est engagé dans les dragons, il ne voulait rien faire dans l'étude de son père, il n'a pas le sou. — C'est bien, lui répondis-je, mais l'expérience m'a appris que je ne devais pas compter sur toi, partons de suite ou je me retire seul. — Tu n'es pas raisonnable, me fit-elle avec humeur. Laisse-moi lui parler cinq minutes ; c'est de la brutalité, ne me refuse pas le plaisir de causer un instant avec un ami de ma famille, ce serait un triste procédé de ta part.

Le quadrille terminé, les deux sous-officiers se présentèrent poliment. — Je pars demain pour Melun, dit le plus jeune ; notre régiment se dirige sur le midi, bientôt peut-être vers l'Orient. Nous formons l'avant-garde. Demain je quitte Paris par le premier convoi du chemin de fer; je vais faire préparer le logement du colonel. — Tiens, dit Florine, tu pars déjà! — Oui, j'ai la permission de dix heures, le temps de danser jusqu'à minuit et de partir ensuite. Ah çà! tu m'accordes la première valse? — Mais, répondit Florine en s'appuyant sur mon bras et en me regardant, monsieur a eu mille complaisances pour moi, si cela le contrarait, je ne voudrais pas le désobliger. — Monsieur, me dit le sous-officier, voulez-vous me permettre une valse avec mademoiselle,? — Tout ce qu'il vous plaira, monsieur, répondis-je d'assez mauvaise humeur. — En vérité, si j'osais, reprit le sous-officier, j'aurais l'honneur de vous offrir un verre de punch. — Monsieur, je n'accepte jamais, répondis-je avec dignité. Le premier coup d'archet se fit entendre, Florine s'envola : ces scènes d'infidélité faisaient vibrer son cœur d'ivresse et de bonheur.

Dès qu'elle ne fut plus à mon bras, sa danse et l'uniforme de dragon attirèrent tous les regards; elle m'oublia, elle avait posé sa main sur l'épaule du sous-officier, elle était tout entière à la joie de retrouver un ami de son enfance. Ma dignité était compromise; pour ne pas être abandonné je quittai la salle, très-philosophiquement, en maugréant l'inconstance des femmes, et ma sottise d'avoir payé quarante francs une nouvelle trahison. Au moment où je franchissais la porte de sortie, j'aperçus le domestique de madame de Néris. Cette vue me causa une vive impression. J'avais été suivi et je n'avais rempli aucune des conditions du programme de madame de Néris, ma place de secrétaire était perdue. En rentrant à l'hôtel, le concierge me remit une carte. Le nom du visiteur me fit frémir. C'était celui de Richard!

CHAPITRE XXIII.

LETTRE DE CHANGE. — RUPTURE.

La carte remise par Richard m'avait inspiré une telle terreur, que je me levai à cinq heures du matin pour ne pas me trouver face à face avec lui. Après avoir réfléchi à tous les moyens que j'avais à ma disposition pour me procurer de l'argent, je m'arrêtai à la pensée de me rendre auprès de M. de Cottigny et de lui faire un emprunt de cinq cents francs; il m'en coûtait beaucoup de faire l'aveu de mes besoins d'argent, mais la nécessité, ce coin de fer, comme l'appelle Victor Hugo, la nécessité, cette loi inflexible qui n'est écrite dans aucun code et devant laquelle s'humilient les natures les plus énergiques, la nécessité me conduisit auprès du vieux conseiller.

A cinq heures, je me hâtai de sortir pour éviter la rencontre de Richard. Je parcourus les boulevards de la Madeleine à la Bastille, je traversai les ponts, j'entrai dans un café ; enfin, à neuf heures, je montai chez M. de Cottigny. Il me reçut très-bien, me demanda des nouvelles de madame la comtesse de Beauverger et si j'allais toujours chez elle les mercredis. Je m'empressai de lui répondre que c'était à cette école que j'avais appris l'usage du monde, et que j'étais très-reconnaissant du service qu'il m'avait rendu.

— Mon cher ami, me dit-il, les jeunes gens reçoivent deux éducations : la première, celle du collége, est promptement oubliée ; la seconde, celle des salons, c'est elle qui a la plus grande influence sur le bonheur ou le malheur de la vie. C'est dans les salons qu'on se fait les amis qui se mêlent à notre existence, c'est là qu'on choisit la femme que l'on épousera un jour. Le salon d'une femme d'esprit est la meilleure école où un jeune homme puisse se former. Madame de Beauverger est une des dames les plus aimables de Paris, excellente, dévouée et d'un très-haut esprit ; mais, quel sujet vous amène ? — Je venais, lui répondis-je, pour une petite affaire ; mon père est parti pour les eaux, j'ai quelques dettes à acquitter, pourriez-vous me prêter cinq cents francs.

On eût dit qu'il s'attendait à cette demande. — Cinq cents francs, me dit-il, il vous faut au moins mille francs. J'acceptai les mille francs. Il prit un billet timbré, me fit placer à son bureau, me dicta une lettre de change datée d'Orléans payable à soixante jours, la fit faire à mon ordre et endosser en blanc, me remit la somme moins dix francs cinquante centimes pour l'intérêt, et me congédia.

Descendu dans la rue, j'examinai mes billets de banque de cent francs ; j'étais ivre de bonheur, j'avais dans ma main toutes les joies de la vie, la prolongation de mon séjour à Paris et la faculté de satisfaire toutes mes fantaisies. Je songeai ensuite que j'acquitterais la somme que je devais à Richard, l'un de ces papillons noirs qui souvent voltigeaient autour de mon chevet. Enfin mes idées étaient complétement changées; d'une tristesse profonde elles étaient passées à une gaieté folle, à ce point que j'avais oublié les promesses faites à madame de Néris.

Je revins à la hâte dans ma chambre, Richard ne s'était point encore présenté; je commençai ma toilette; au moment où j'ajustais le nœud de ma cravate, il entra sans lever sa casquette et fut s'asseoir dans mon grand fauteuil.—Ah çà! monsieur Montagny, me dit-il d'une voix grondeuse, vous n'êtes pas facile à découvrir; on dirait que vous jouez à cache-cache avec moi : c'est désagréable de venir quatre fois pour réclamer son argent; je n'ai pas le temps à chaque voyage de vous attendre deux heures sous la porte-cochère. — Qu'est-ce que tu as donc, lui dis-je, de gronder ainsi? Tu viens chercher ton argent, n'est-ce pas ? Attends un moment que le nœud de ma cravate soit achevé et tu vas le recevoir.

A ces paroles, Richard fut fort interdit; il leva sa casquette et devint très-poli. J'ouvris mon portefeuille; à travers tous les billets de banque de cent francs, formant la somme de mille francs, je tirai deux billets et les lui remis.

Richard était stupéfié. — Qu'est-ce qu'ils disaient donc au pays, que vous aviez des dettes, des créanciers, les imbéciles? Dans les petites villes, il faut toujours qu'on parle de ceux qui ont plus d'esprit que les autres. Ah! mais, vous avez de l'argent, je ne suis pas surpris si vous ne voulez pas retourner à Montargis; il n'y a rien à faire dans ce pays, les blés et les avoines sont chers; les chemins de fer nous emportent tous les voyageurs. C'est une grêle que le commerce; mais pardon, je m'en vas, j'ai ma bâche à finir. — Dites donc, monsieur Montagny, puisque vous avez tant d'argent, pourquoi donc ne prenez-vous pas un jour pour aller vous expliquer avec M. votre père? Le cher homme ne demande pas mieux que vous fassiez de bonnes affaires; ce qui l'inquiète, c'est qu'on lui a raconté que vous aimiez beaucoup les demoiselles et que la dépense allait rondement; or il sait très-bien que les affaires et les plaisirs ne marchent pas de compagnie. Il a peur que vous ne fassiez des dettes; il redoute M. de Cottigny : prenez garde à ce particulier-là. — Après ça, vous avez plus d'esprit que moi; dès que vous avez de l'argent, tout est dit.—Oh! c'est curieux dans ce Paris, il y a des rubriques pour gagner de l'argent qu'on n'y comprend rien, des gens qui n'ont pas d'état et qui ont les mains pleines d'argent. — Au revoir, monsieur Montagny, à mon prochain voyage. — Adieu, Richard.

Quand il fut parti, je ne pus m'empêcher de remarquer qu'au milieu de ses divagations, il avait deviné le moyen par lequel je m'étais procuré de l'argent. Ma journée était bien commencée, il fallait bien la finir; je me rendis chez madame de Néris. J'étais offensé de la surveillance qu'elle avait fait exercer sur moi; j'en avais tiré la conséquence que chaque jour elle se préoccupait davantage de ma personne.

Je me présentai chez elle d'un air fort léger, elle me salua froidement. Je lui parlai longuement d'une demande que j'avais faite dans l'intérêt de ma position financière; dans ma narration, je mêlai force compliments sur la distinction de son esprit, sa haute raison et ses bons conseils que j'avais mis à profit: Elle prit à son tour la parole : Monsieur Montagny, me dit-elle, vous êtes bien jeune, plus jeune que votre âge; vous savez qu'on vous destinait un emploi; je ne veux pas vous donner des regrets, c'était un des premiers échelons de la fortune; on vous tendait la main, on avait compté sur votre intelligence et sur votre raison : on s'était tout à fait trompé quant à la raison. Comment, monsieur, après les efforts inouïs que vous avez faits pour obtenir une position, une occasion unique se présente et vous la repoussez. — Je ne comprends pas, madame, lui dis-je assez ému. — Permettez, poursuivit-elle, monsieur ; vous vous êtes montré publiquement, sur le boulevard, avec une femme de théâtre ; vous avez pris des glaces chez Durand, et de là vous êtes allé au bal de la salle Valentino. Je vous avoue que je vous croyais une raison assez éclairée pour ne pas compromettre ainsi votre fortune ; j'en ai été profondément blessée. Comment pouvez-vous supposer que le cabinet d'un ministre va s'ouvrir à un jeune homme qui s'affiche ainsi, et se promène dans les bals les plus vulgaires de Paris avec une actrice ? — Mais, madame. — Un mot encore, reprit-elle. — Monsieur, vous m'avez fait l'honneur de m'accompagner au bal de l'Opéra ; pendant que nous étions dans la loge, un jeune homme s'est présenté et vous a proposé un duel. C'est un malheur, cela peut arriver à tout le monde, cela est dans nos mœurs. Loin de vous en vouloir, au contraire, j'ai vu que vous étiez un homme de cœur ; mais, permettez-moi de vous le dire, madame de Néris ne peut pas donner le bras à un jeune homme qui, la veille, s'est montré en pleins boulevards avec une femme perdue de mœurs, cela n'est pas encore admis dans le monde où je vis.

Cette légèreté de conduite a des conséquences tellement graves qu'elle m'oblige, monsieur, de vous dire de renoncer tout à fait à la place que je vous ai promise. C'est un arrêt irrévocable. — Comment, madame, lui dis-je le cœur plein d'émotion, vous n'accorderez rien au repentir, aux engagements sacrés que je prendrai. — Hélas ! monsieur, reprit-elle, vous avez un caractère ardent au plaisir, l'imagination vive ; ces natures-là ne se refont pas : ce que vous êtes aujourd'hui vous le serez toute la vie.

Je la quittai. Elle m'accompagna sans me donner la main ; la rupture était complète, en quelques minutes tous mes châteaux en Espagne s'étaient écroulés, il n'en restait plus de traces. Plus juste envers moi que la plupart des hommes qui s'apprécient toujours au-delà de leur valeur, je me dis tout bas : Mon cher, tu l'as mérité ; chez un homme qui a de l'intelligence, l'ambition doit toujours avoir le pas sur l'amour.

CHAPITRE XXIV.

VARIÉTÉ DU VOL AU BONJOUR.

A six heures du matin, j'étais encore au lit, la tête appuyée sur ma main, réfléchissant à ma rupture avec madame de Néris. A Paris, c'est le seul moment de la journée où on peut causer avec soi-même.

— Si l'on veut réussir dans ce monde, me disais-je, il faut se placer dans les conditions exigées pour obtenir des succès. Quelle folie, à la veille d'obtenir une bonne place, de m'exposer en pleins boulevards avec une actrice, aller au bal avec elle ! On espère se dérober aux regards indiscrets ; mais dans ce vaste Paris, il y a toujours un œil ouvert sur vous, quand vous faites mal. Je n'aurais pas soupçonné que la comtesse de Néris eût fait épier mes démarches. Ces vieilles femmes ont un instinct diabolique ; elles devinent le mal avant même qu'il ne soit éclos. La perte de ma place et de mon avenir, voilà ce que m'a valu le culte des faux dieux, sans compter les quarante francs que Florine m'a volés. Avec quelle dextérité elle m'a dérobé mon argent ! Dangereux séjour que Paris : il faut poser un triple verrou sur sa caisse et sur son cœur. A ce jeu-là, je perds mes jeunes et vieilles amours, car je ne veux plus revoir Florine, et la confiance que j'inspirais à madame de Néris a disparu.

Pendant que je m'habillais, je vis entrer Robert ; il était très-pâle et les regards fort animés. — Je viens, me dit-il, te demander un service : prête-moi cinquante francs. — Ah ! mon cher, tu arrives mal à propos, je suis complétement privé de capitaux ; tu sais d'ailleurs que mon père m'a laissé sans argent et que ma ferme est à peu près saisie. Où veux-tu que je prenne de l'argent ? — Il me faut cinquante francs, ou je fais un malheur. Je suis sans asile, sans argent pour trouver un gîte et un dîner. Je ne sors pas de cette chambre sans que tu me prêtes cette somme ; d'ailleurs Florine m'a dit que tu avais des fonds, je l'ai vue hier ; c'est elle qui m'a conseillé de m'adresser à toi ; tu lui as donné quarante francs pour retirer un prétendu châle qu'elle disait avoir mis en gage ; or, si tu as ouvert ta bourse à l'amour, il faut l'ouvrir à l'amitié. Au reste, je ne te le cache pas, mes besoins d'argent sont si vifs, que si tu ne me prêtais pas, je suis résolu à faire un coup de tête, une mauvaise action. — Robert, lui dis-je, c'est à un vieil ami que tu adresses ces mauvaises paroles?—A toi, à d'autres, peu importe! Il me faut cinquante francs.

En parlant ainsi, il sortit les mains des poches de son pantalon et j'aperçus des pistolets qu'il fit semblant de cacher avec précipitation. Sa figure était sinistre, ses gestes saccadés, il paraissait décidé à prendre une résolution violente. Comme un voyageur qu'on arrête sur une grande route, je m'exécutai. Je pris cinquante francs dans un tiroir et les remis à Robert en lui disant : — Cette manière d'emprunter de l'argent est un peu brutale, tu y mets le ton d'un homme qui, sur la grande route, vous demande la bourse ou la vie. Tu joues là un vilain jeu. — Bah! dit Robert, la vie est trop longue dès qu'elle devient dure. Il faut lui dire adieu ; j'en ai eu la tentation ce matin. Tu ne sais pas ce que c'est que la misère, quelle pression elle exerce sur ma pensée. Le malheur m'enivre, je ne suis plus maître de moi; adieu, ajouta-t-il en riant; je ne suis pas du bois dont on fait les vieillards ; au revoir! Il disparut.

C'est un vol que cette manière de demander de l'argent avec des pistolets dans les poches; comme dit Florine, il devient compromettant. Le commandant avait raison, j'aurais dû éviter de me rendre avec lui dans la société secrète des *Amis de la Vérité.* A la grâce de Dieu ! S'il fallait, à chaque pas qu'on fait dans la vie, peser d'avance ses paroles et ses actions, cela deviendrait fastidieux. Au diable les préceptes de la sagesse !

J'allumai mon cigare et je sortis.

En passant devant la loge du concierge, il me remit une lettre, elle était de mon père ; il m'écrivait :

« Mon fils,

« Je vous ai annoncé que le 15 juillet nous partirions pour les eaux. Nous vous avons attendu jusqu'à ce jour, je ne vous adresse aucun reproche ; vous avez agi dans l'intérêt de vos plaisirs et de vos tristes passions ; vous apprendrez plus tard le danger d'oublier ainsi vos devoirs. Mon absence durera un mois ; nous restons encore dix jours à Montargis ; si vous avez dans le cœur quelque souvenir de nos bontés pour vous, vous viendrez nous embrasser avant notre départ. Richard m'a raconté son entrevue avec vous à l'époque de son dernier voyage ; il m'a parlé de l'argent que vous aviez à votre disposition ; cet argent doit provenir d'un emprunt, car je ne vous connais aucune des qualités de l'homme d'affaires ; prenez garde ; non-seulement vous perdrez votre fortune, mais vous me ferez mourir de chagrin. Le bien que je possède m'a coûté trop de peine à acquérir, et le voir si follement dépenser, je ne m'en consolerais pas. Rappelez-vous que vous êtes dans votre vingt-cinquième année, et, dans le temps où nous vivons, il n'est plus permis à un jeune homme de cet âge de suivre avec tant de persistance une fausse route.

« Adieu. Votre père,

« J.-B. Montagny. »

— Allons, bon ! Voilà la leçon de morale ; vous verrez qu'il ne sera pas permis de donner quelques heures de ma vie aux folies de la jeunesse, sans que de loin, avec des porte-voix, mon père ne me crie : Mon cher, tu vas te perdre ! Ce sont de sages conseils ; mais, comme dit Robert, la vie est si courte et Montargis si ennuyeux.

CHAPITRE XXV.

MARGUERITE. — SOUVENIRS.

Il y a un vieux proverbe parisien qui dit : « La femme est un mets digne des dieux, il est dommage que le diable l'ait assaisonné et rendu détestable. » Quelles femmes charmantes ont passé sous mes yeux, mais à quel prix voulaient-elles me donner leur amour ! C'était l'assaisonnement du diable.

A Paris, il faut se contenter d'admirer la délicatesse de la coupe, la beauté de ses formes et ne jamais en approcher ses lèvres. Il n'y a pas d'amour possible. L'encens du cœur brûle toujours pour de fausses idoles.

On frappa à ma porte; c'était Marguerite, ma payse, la jeune et fraîche Marguerite. — Que me veux-tu, lui dis-je ? — Voilà ce que c'est, me répondit-elle : Ce matin, je me suis présentée à M. Gribaudet, je n'ai fait ni une ni deux, je l'ai prié de me payer mes gages ; il m'a répondu qu'il ne payait ses domestiques qu'à la fin de l'année. — En ce cas, monsieur, lui ai-je répondu, vous pouvez chercher une autre servante; quant à moi, je ne suis plus la vôtre. Là-dessus, je suis sortie de son cabinet.

Il m'a crié : — Tu réfléchiras, petite ; tu es bien ici, tu es chez un bon maître. — Monsieur, lui ai-je dit, les bons maîtres sont ceux qui payent les gages de leurs domestiques. Passe pour mal dîner, on ne s'en porte pas plus mal; mais donner son temps, sa jeunesse pour rien ; après deux années de bons services, ne pas avoir le sou pour s'acheter une robe et pour mettre à la caisse d'épargnes, c'est pas la peine de faire les appartements de monsieur. A présent me voilà sans place. J'ai pris mon parti là-dessus ; je ne désire plus qu'une chose : quitter Paris et retourner à Montargis, j'en ai assez de votre Paris. Quand on est sage dans cette vilaine ville, on est sûre d'y mourir de faim. Avec ça qu'il venait chez monsieur un tas de flibustiers qui voulaient m'en conter. Plus souvent que j'aurais écouté des intrigants comme ça. Je suis arrivée à Paris sans argent, je m'en vais de même ; je ne gagnerai pas de gros gages à Montargis, au moins je serai payée. Croiriez-vous, monsieur, que M. Gribaudet, lui, mon maître, m'a demandé plusieurs fois à m'emprunter les dix francs que ma marraine, votre tante

Dorothée, m'avait envoyés au jour de l'an pour mes étrennes. Voyez-vous, dans ce Paris, si on ne sait pas se défendre, on est exposée à être attrapée par des gens de rien du tout.

— Eh bien! ma bonne Marguerite, puisque tu as une si mauvaise opinion de Paris, tu fais bien de retourner au pays; donner son travail et sa jeunesse, ne pas recevoir de gages, mieux vaut partir. J'écrirai à mon frère, peut-être te prendra-t-il à son service. Quel argent te faut-il? — Avec dix francs j'aurai de reste. — En voilà vingt. — C'est trop, monsieur! — Accepte toujours. — Vous êtes vraiment trop bon! Tenez, il n'y a que vous que je regrette; je ne vous voyais pas souvent, c'est égal, je savais que vous étiez là, que s'il m'était arrivé malheur, vous seriez venu à mon secours. Nous autres, malheureux, nous sommes un peu comme les enfants, nous devinons ceux qui nous aiment. — Tu es une bonne fille; écoute, avant de quitter Paris, nous allons dîner aux Vendanges de Bourgogne; après le dîner, nous irons au théâtre et demain, à huit heures du matin, tu partiras pour Montargis. — Monsieur, me répondit Marguerite, j'ai tant de confiance en vous que j'irai où il vous plaira de me conduire. — Sois tranquille, ma bonne Marguerite; je suis jeune, tu es jolie, ton voisinage avec les idées qui me sont venues à Paris est bien dangereux, mais tu es pour moi une sœur, je te respecterai.

Nous dînâmes aux Vendanges de Bourgogne. Au dessert, je fis servir une demi-bouteille de vin de Champagne. Marguerite, habituée à l'eau de fontaine de l'avocat Gribaudet, ne s'expliquait pas cette chaleur soudaine qui envahissait ses sens. Le philtre champenois la surexcitait vivement; j'avais les deux coudes sur la table, je regardais ses yeux qui brillaient. — Te rappelles-tu, Marguerite, lui disais-je, qu'un soir, je revenais avec toi de la veillée, nous traversions une sombre allée de platanes, la lune éclairait le ciel et pénétrait à travers les branches des arbres : tout à coup elle se cacha derrière un nuage, et l'obscurité devint si profonde que je ne pouvais plus retrouver le chemin; cette obscurité m'enhardit à te donner un baiser. Nous sommes bien loin de ces jours d'innocence. — Oh ! je m'en souviens bien, dit Marguerite, c'est un peu à partir de ce jour-là que j'ai souvent pensé à vous.

— Et le lendemain, repris-je, nous fûmes retourner l'herbe des prés; que tu étais jolie avec ton chapeau de paille, orné de coquelicots, et avec ta fourche de faneuse ! Je te fis tomber sur un tas de foin : cela nous faisait rire; que le bonheur était facile alors !... Mais ne parlons plus de ces souvenirs, cela deviendrait dangereux; tu n'es pas déjà si heureuse dans ce monde... Partons pour le théâtre.

Je la conduisis à la Porte-Saint-Martin; on donnait les *Sept Merveilles du monde*. Quand Marguerite vit toutes ces magnificences de la scène, ces belles décorations, les changements à vue, les beaux costumes des actrices, elle fut si émerveillée que Paris redevenait pour elle un séjour enchanteur. Elle l'avait vu du mauvais côté; elle parlait de ne plus retourner à Montargis.

Le lendemain, à sept heures du matin, sa petite malle était prête; un commissionnaire la plaça sur son crochet et nous nous dirigeâmes vers la rue Montmartre : la malle fut placée sur l'impériale; au moment où Marguerite allait monter dans la diligence, je l'embrassai. Elle avait placé ses deux mains sur mon épaule, elle se mit à pleurer. — Mon Dieu, me dit-elle, si vous le voulez, monsieur Montagny, je resterai avec vous. Je ne partirai pas. — Pars, lui dis-je, car moi-même je ne tarderai pas à retourner à Montargis. Adieu, bientôt je te reverrai. Elle fut s'asseoir à sa place, les yeux pleins de larmes. La voiture partit; je vis sa main hors la portière qui me disait encore adieu. Quand elle eut disparu, je me sentis le cœur tout joyeux; j'avais résisté à la tentation : quoique jeune, il me restait encore quelques principes.

CHAPITRE XXVI.

LES FILOUS ET LES INDUSTRIELS.

Le provincial qui fait le voyage de Paris doit un tribut au dieu Mercure. C'est un impôt indirect auquel il est soumis. Sous la forme d'un emprunt, d'une escroquerie ou d'un vol, il faut qu'il paye sa bienvenue à la capitale des beaux-arts et de la civilisation. Comment serait-il possible de se soustraire à cet impôt? Il existe dans Paris une population de dix mille industriels qui se lèvent le matin sans savoir où ils dîneront le soir. Chaque jour ils se répandent sur le pavé de Paris, et vont à la chasse aux dupes.

Le provincial est particulièrement le point de mire de ces adroits filous. La *Gazette des Tribunaux* ne se fait pas faute de leur donner des avis: fermez soigneusement vos portes, ne laissez pas vos clefs à la serrure, évitez les bons marchés, cachez votre argent; ayez un œil toujours ouvert; évitez la nuit les rues désertes. Viennent ensuite de nombreux exemples de vols au bonjour, à l'américaine, à la ramasse, la saisie des tripots et cette série de crimes et de vols dont la lecture est la distraction favorite des oisifs; mais la confiance où peut-être l'avidité sont si aveugles, que les filous ne se donnent pas même la peine d'inventer de nouveaux vols. En général, ce sont des physionomistes très-intelligents; ils ont étudié le système de Lavater; ils vous trient un homme au milieu de la foule et se trompent rarement sur sa capacité. Qu'est-ce qu'il y a de plus bête que le vol à l'américaine? Un homme, à l'aide d'un compère, vous propose avec un accent étranger d'échanger des pièces d'or contre des écus de cinq francs, et vous offre un bénéfice. Tous les échos de Paris ont retenti de ces sortes de vols. Eh bien! malgré les nombreux avertissements, il y a encore des gens qui s'y laissent prendre.

L'une des plus dangereuses industries est le vol sur la banque, dans les étalages, ou l'enlèvement de marchandises à des commis inexpérimentés. Il y a des maisons de nouveautés à Paris qui éprouvent des pertes considérables. La surveillance est si difficile dans ces grands établissements, au milieu de la cohue des acheteurs! Les manteaux, les doubles poches, les cabas, sont des instruments si commodes pour faire disparaître un coupon d'étoffe! Il y a encore une sorte d'industriels très-habiles et bien dangereux. Ils s'associent trois ou quatre, établissent de vastes magasins et des comptoirs dans les quartiers du commerce ou dans les villes de province, payent partie en argent et l'autre en lettres de change, et disparaissent dès qu'ils ont à leur disposition des marchandises qu'ils vendent ensuite à vil prix. On est très-sévère pour cette classe d'industriels, mais ce sont des protées insaisissables, ayant toujours un passe-port en règle pour l'étranger.

Il y a des filous et des voleurs qui ont une telle dextérité dans les doigts, ils escamotent avec tant de perfection, qu'il est très-difficile de les surprendre. Les bijoutiers et les marchands d'objets de luxe sont particulièrement victimes de cette classe de voleurs.

Pendant mon séjour de cinq mois à Paris, les vols ou les emprunts forcés se résument par une somme de cinq cents francs. Dans cette somme je compte cent cinquante francs empruntés par Robert Duclos, les quarante francs empruntés par mademoiselle Florine pour retirer son châle qu'elle disait avoir mis en gage, et les deux cents qui me furent volés sur le pont du Louvre.

Le premier vol dont je fus la victime est le vol dit au rabattage. J'y perdis mon chapeau neuf, mon parapluie et je reçus un coup de bâton sur la tête. Voici comment se pratique ce vol. Un soir je fus invité à un punch chez le commandant. Il habitait deux jolies pièces rue Dauphine. On parla beaucoup des guerres de l'empire, on raconta des batailles ; il était une heure du matin, nous en étions encore à la fameuse charge commandée par le général d'Hautpoul, à la bataille d'Eylau ; cela menaçait de prendre un plus grand développement par la promesse qu'avait faite un vieux capitaine de raconter la prise de la grande redoute de la Moskowa par Caulaincourt, à la tête des cuirassiers.

La pendule marquait une heure et un quart, je jugeai prudent de me retirer pour rentrer à l'hôtel. Il me fallait traverser la rue Sainte-Anne. C'est une rue bien et mal habitée, d'une réputation douteuse. Il tombait une pluie fine, le temps était triste. A peine entré dans la rue, j'aperçus à quelques pas devant moi un individu. Sa pose, sa haute stature, son chapeau gris particulièrement, m'effrayèrent. Il était sur le trottoir de gauche, je passai sur le trottoir de droite. Il franchit la rue et suivit mon même trottoir. Je jugeai prudent de prendre le pas gymnastique, il prit le pas accéléré. Je me mis à courir à fond de train.

A la hauteur du n° 63, je n'apercevais pas une masse noire et informe tapie dans l'enfoncement de la porte cochère ; au moment où je passais en courant, elle étendit ses jambes, je fis une culbute atroce. En tombant, mon chapeau fut à droite, mon parapluie à gauche; avant de me relever, je reçus un coup de bâton sur la tête. Ne voyant pas de motif à engager une lutte aussi inégale, je repris ma course en criant : Au voleur! au voleur! Je tournai brusquement dans la rue des Petits-Champs; à peine étais-je près la rue Ventadour, que je tombai au milieu d'une patrouille de la ligne qui croisa la baïonnette sur moi. Je bénissais Dieu d'avoir rencontré un tel secours; mais le caporal, ne comprenant rien au désordre de ma toilette et à mon effroi, me conduisit au corps de garde de la rue Richelieu. Le lieutenant du poste accepta pour vrai ce que je venais de lui dire, il m'offrit de me faire accompagner par deux soldats. Je le remerciai et rentrai à l'hôtel d'assez mauvaise humeur contre ces flambants du charriage qui m'avaient volé mon chapeau et mon parapluie.

Le vol au rabattage est très-dangereux. Comment deviner que le voleur qui se pose sur le trottoir de gauche veut vous faire passer sur le trottoir de droite? Le danger n'était pas dans la rencontre du chapeau gris, mais dans celle de l'homme qui se tapit sous la porte cochère.

Le second vol fut plus habile encore. On se rappelle qu'aussitôt le retour des beaux jours les expériences en ballon recommencent et sont toujours à la mode. Tantôt c'est le ballon la *Mappemonde* qui prend son essor audacieux; tantôt c'est le ballon l'*Orient* qui disparaît dans les airs chargé de voyageurs. Le temps n'est point encore venu où l'on verra un ballon traverser le ciel au-dessus des boulevards avec la même indifférence qu'on voit circuler un omnibus. Dès que le ballon apparaît, les curieux lèvent le nez en l'air et se groupent dans la rue. J'étais au nombre de ces gens que le plus petit événement distrait; je regardais le magnifique aréostat dans sa course majestueuse à travers les airs.

J'étais sur le trottoir de la rue Royale, en face l'église de la Madeleine; il y avait à côté de moi un monsieur bien vêtu, armé d'une lorgnette; il s'écriait : — Ah! c'est curieux! c'est curieux! il est suspendu à la nacelle. Quel courage, quelle intrépidité! faire des tours de force à une hauteur aussi prodigieuse! Oh! c'est étonnant!

Je regardais et j'apercevais confusément un point noir dans l'espace. — Monsieur, voyez-vous l'intrépide acrobate? me dit-il; c'est prodigieux. On l'aperçoit à l'aide de cette lunette; il me la mit dans la main : — Tenez, regardez. Je concentrai toute mon attention sur le ballon, tenant l'instrument avec mes deux mains, mon habit ouvert et mon gilet à la portée de la main de l'industriel. A peine pouvais-je distinguer les voyageurs.

Pendant que je suivais le ballon, il me sembla sentir un frôlement de main contre mon pantalon. Je restituai la lorgnette au monsieur si poli en le remerciant avec effusion ; il disparut. Peu d'instants après son départ, je mis la main à ma poche, ma bourse avait disparu ; elle contenait douze francs. Le voleur était l'homme à la lorgnette. On appelle ce vol le vol à la grande filoche.

Cette leçon me rendit encore plus méfiant. Ainsi un soir je me promenais sur le boulevard, la pluie commençait à tomber, un monsieur passant à côté de moi s'écria : — Tiens ! il pleut ! Il étendit la main. Je portai immédiatement la mienne à mon paletot et le boutonnai jusqu'au menton. Je pensais qu'il voulait me faire étendre le bras et lever la tête pour me voler.

Les industriels de Paris ont une grande intelligence pour deviner le provincial. Dès les premiers jours de mon arrivée, je me trouvai souvent en contact avec ces batteurs de pavés. L'un passait à côté de moi et ramassait une pièce de cinq francs à mes pieds en disant :—Est-ce vous, monsieur, qui avez perdu ces cinq francs ? Je répondais :— Non, monsieur. — Alors part à deux ! C'est juste. Si vous voulez, nous allons boire un punch avec cette monnaie. Je refusais. Il m'aurait conduit chez un marchand de vin et m'aurait dévalisé par le jeu ou en me faisant boire quelque drogue pour m'endormir.

Une autre fois je fus rencontré par une sorte d'Anglais, qui dans un jargon moitié anglais, moitié français, me proposa l'échange de pièces d'or contre de l'argent. Je lui fis comprendre que je ne voulais pas le faire arrêter, mais je l'engageai à passer promptement son chemin, attendu qu'il n'était pas un mylord anglais, mais un grec.

Il ne faut pas exagérer les dangers de Paris; la police y est vigilante, mais les voleurs y sont pleins d'audace. Il est prudent de se retirer de bonne heure des bals, comme aussi de ne pas jouer au lansquenet et autres jeux dans les salons; éviter les gens qui ont un accent étranger; surveiller ses poches en entrant au théâtre; conserver son chapeau sur sa tête dans les cafés et son parapluie entre les jambes. Plus la civilisation fait des progrès, plus le nombre des industriels augmente, et plus ils deviennent habiles. La cour des Miracles a disparu, la forêt de Bondy n'a plus une aussi mauvaise réputation, les filous et les industriels n'ont fait que déplacer leur industrie. L'humanité fournit toujours abondamment son contingent de ces amateurs du bien d'autrui, et il est probable qu'il en sera de même dans les siècles à venir.

CHAPITRE XXVII.

UNE OFFENSE QU'ON NE PARDONNE PAS.

Quand on a un peu vécu et observé, on se garde bien de croire que le hasard gouverne ce monde. Le hasard ne produirait pas cette justice préméditée qui oublie rarement de punir la faute qu'on a commise.

Un dimanche, à l'heure de midi, je me promenais sur les boulevards, sans but, fumant mon cigare, indécis si je prendrais le chemin de fer de Versailles ou si j'irais au manége Duffaut louer un cheval. La journée était magnifique : une promenade à l'aventure, allant chercher des sites, des points de vue, obtint la préférence. Je louai un cheval et me dirigeai vers la route de Sèvres par les bords de la Seine à travers les coteaux ravissants de Passy.

Après une marche de deux heures, et avoir suivi

des chemins qui m'étaient inconnus, je me trouvai dans un lieu dit la vieille route de Chaville, près le chemin de fer de la rive gauche. Mon cheval était ombrageux ; il exigeait une excessive surveillance ; deux ou trois fois, en passant à côté des équipages, il avait failli me renverser. Je suivais la vieille route ; tout à coup arrive le convoi du chemin de fer de Versailles avec sa locomotive jetant des torrents de fumée noire. Son apparition fut si prompte que le cheval fit un grand écart, tourna sur lui-même et me jeta sur un tas de pierres cassées. Je m'évanouis, mon sang coulait avec abondance d'une blessure à la tête. Je serais mort sur la route, lorsqu'une jeune personne, placée dans un pavillon qui dominait la route, m'aperçut et courut à la hâte avertir le jardinier et sa mère. On vint à mon secours, et, à l'aide d'un passant, on me transporta évanoui dans la maison de campagne de ces dames. Un médecin fut appelé ; il sonda ma blessure, la jugea peu dangereuse, mais il déclara qu'il y avait péril à me transporter à Paris avant trois jours. On me dressa un lit dans le salon. Pendant ces trois jours, la mère et la fille me prodiguèrent les soins les plus délicats. Mes forces revinrent ; je me fis ramener chez moi, et, peu de temps après, j'étais complétement guéri.

Ma première visite fut pour ces dames.

Je les remerciai de cœur des soins qu'elles m'avaient prodigués. La jeune personne était jolie, gaie, d'un caractère charmant : la maman, bienveillante. Quoique la toilette de ces dames fut d'une extrême simplicité, on remarquait qu'elles conservaient un certain air de distinction qui semblait indiquer une opulence passée. Je demandai la permission de revenir les voir. Une grande intimité s'établit entre nous, et j'oubliai bientôt auprès d'elles les distractions de Paris et toutes ces curiosités qui avaient enflammé mes désirs.

Je prenais chaque jour le chemin de fer de la rive gauche, et j'allais à Chaville passer ma journée. Bientôt ces dames me firent des confidences sur leur position. Madame Duvillars jouissait d'une rente viagère de deux mille francs, débris d'une grande fortune perdue dans les spéculations parisiennes. Son mari était mort, laissant la mère et la fille sans fortune. Madame Duvillars avait été propriétaire de la terre d'Armentières; elle prétendait avoir conservé ses droits; elle demandait judiciairement la résolution de la vente. Déjà elle avait perdu en première instance et à la cour d'appel. L'affaire se plaidait à la cour de cassation. Cette position n'était pas brillante : la mienne était plus positive; il est vrai que je ne possédais que la ferme dont j'avais hérité, mais mon avenir était plus riche par la fortune de mon père et celle de ma tante Dorothée. La reconnaissance avait si bien disposé mon cœur, que je résolus de faire la demande en mariage de mademoiselle Clémence Duvillars.—Elle est bonne, bien élevée; il ne lui reste aucun souvenir de son opulence passée, économe et simple; c'est la femme qu'il me faut. Je ferai un mariage de convenance et de reconnaissance.

Je fis l'aveu à mademoiselle Clémence que je l'aimais, et que je serais très-heureux si elle voulait m'accepter pour son mari. Elle me répondit que si j'obtenais le consentement de sa mère, elle m'accorderait le sien. J'embrassai sa main avec amour et la remerciai de sa bonté.

Madame Duvillars m'écouta avec beaucoup d'attention. Elle me répondit : — Mon cher enfant, le vœu le plus cher de mon cœur est sans contredit celui de marier ma fille. Je suis fort âgée; ma famille est peu nombreuse; elle n'aurait personne pour la protéger; son avenir m'inquiète, et, je vous le répète, ce serait pour moi un grand bonheur de pouvoir la laisser dans les mains d'un honnête homme. Mais ce mariage est-il possible et raisonnable? c'est une question difficile à résoudre. Voici la vérité sur ma position. J'ai été riche. Mon mari, chef d'une haute maison de banque, faisait des affaires considérables; il avait la réputation d'être l'un des hommes les plus habiles et les plus intelligents de la finance, si habile qu'après dix ans d'exercice il s'est trouvé complétement ruiné; il ne manquait ni d'esprit de suite, ni d'esprit de conduite, mais il ne pouvait pas lutter contre des révolutions aussi fréquentes ; il se ruina, mourut de chagrin, laissa ses affaires dans des embarras inextricables. Le hasard voulut qu'un jour il eut la pensée de créer sur ma tête une rente viagère de deux mille francs. Mon cher monsieur, c'est ma seule fortune et celle de ma fille. Nous avons loué cette maison de campagne. La femme du jardinier fait notre ménage. Chaque année je peux faire une économie de trois cents francs ; je les place à la compagnie d'assurance sur la vie au profit de Clémence : voilà notre position ; vous le voyez, elle n'est pas brillante. Une rente de deux mille francs qui, demain, peut s'éteindre par ma mort ; ajoutez encore l'inquiétude de laisser Clémence sans fortune. J'avais apporté en dot, à mon mari, une terre considérable située dans les environs de Senlis. Cette terre avait été aliénée par mon mari ; il m'avait fait faire une procuration pour la vendre. Les termes de la procuration ne sont pas très-clairs, d'une autre part mon hypothèque légale reposait sur cette propriété. J'ai intenté un procès au propriétaire actuel, l'ennemi de mon mari, et celui qui a contribué le plus activement à sa ruine. J'ai perdu en première instance ; j'ai perdu à la cour d'appel ; je suis aujourd'hui à la cour de cassation. Ce procès exige des frais ; mes économies sont très-laborieuses. Je ne me fais pas d'illusion sur ce procès : je peux le perdre; je ne fonde rien là-dessus; mais comme il doit être jugé dans trois mois, permettez-moi, mon ami, d'ajourner ma réponse à cette époque. Si je perds mon procès, je continuerai mon système d'économie, vous serez libre de refuser la main de Clémence; si, au contraire je le gagne, elle vous apportera en dot la terre d'Armentières. L'estimation des experts, dans ce procès, l'évalue à trois cent cinquante mille francs. Vous aurez une belle dot, ma fille vous aime, elle sera heureuse de vous enrichir; et moi-même, si je vous révèle ma pensée tout entière, ce mariage me rendra la plus heureuse des mères.

— Madame, lui répondis-je, vos paroles m'ont touché jusqu'au fond du cœur; je serai aussi sincère que vous. Il n'y a pas d'illusion à se faire dans nos situations. Dans la vie réelle, avant les affections il faut parfois s'occuper de sa position financière. Vous n'avez pas de famille, vous jouissez de deux mille francs de rentes viagères, vous avez un procès avec le détenteur de la terre d'Armentières, vous l'avez perdu en première instance et à la cour d'appel : tel est l'exposé de votre situation.

— Oui, monsieur.

— Eh bien! madame, après m'être rendu compte de cette situation, je vous demande de nouveau la main de mademoiselle Clémence. Je possède une ferme d'un revenu de neuf cents francs; mon père et ma tante m'assureront une rente de quinze cents francs. J'ai assez d'influence sur mon père pour avoir la certitude d'obtenir et la pension et son consentement. M'accordez-vous la main de mademoiselle Clémence du Villars? ajoutais-je, en mettant une certaine solennité dans mes paroles.

— Monsieur, répondit la bonne mère, les yeux pleins de larmes, vous êtes un brave jeune homme. N'est-ce pas, vous la rendrez heureuse? Je vous accorde sa main, et vous fais don, si je gagne mon procès, de la terre d'Armentières.

— Ne parlons pas de cela, chère maman, c'est vouloir rendre le présent heureux aux dépens de l'avenir; un jour il en résulterait peut-être des reproches. J'épouse donc le présent, c'est-à-dire je me marie avec une jeune fille accomplie, belle, charmant caractère, brillante éducation, et sans dot!

Je l'embrassai, et je pris l'engagement solennel de rendre sa fille heureuse.

Quelques jours s'écoulèrent à faire des projets et à arranger notre vie à venir, à parler économie et des moyens de nous créer une position plus heureuse. J'avais écrit à mon père mon projet de mariage; il me répondit que j'avais assez d'expérience pour savoir si ce mariage me convenait, qu'il y donnait son consentement. Je courus à la hâte faire part de cette bonne nouvelle à ces dames. Quelques jours encore, et j'allais devenir l'heureux époux de la belle Clémence.

Un matin, le hasard me conduisit au café Tortoni. Pendant que je déjeunais, je vis entrer Robert Duclos. Son apparition me rappela l'emprunt des cent francs. Il vint à moi et me dit : — Je m'invite à déjeuner ; fais venir du pomard, je l'aime beaucoup. Je demandai une bouteille de pomard, je n'étais pas fâché de le voir pour lui annoncer mon mariage.

— Ah çà ! me dit-il, que deviens-tu ? je ne te rencontre nulle part. As-tu fait de nouvelles amours, ou suis-tu les cours des professeurs de la Sorbonne ? — Rien de tout cela, lui répondis-je, je me marie. — Bah ! fit-il. — Oui, mon cher, je me marie. — Et avec quelle dot ? — Une fille sans dot. — Sans dot ! Cela n'est pas possible ! Ah çà ! tu es donc amoureux fou ? — Ce n'est pas une passion violente, mais je l'aime assez pour en faire ma femme.

Je lui racontai l'épisode de mon accident, les soins qu'on m'avait prodigués, la reconnaissance avait fait le reste. — Comment ! me dit Robert, à ton âge, vingt-cinq ans, tu vas faire un mariage d'inclination, épouser une fille sans dot, épouser un procès, quand tu peux à peine suffire à tes dépenses de garçon ! car tu as des dettes, tu n'as pas encore acquitté la somme de mille francs que tu dois à M. de Cottigny. Mais, mon cher, c'est le comble de la folie. A ta place, je me déclarerais de suite en état de faillite, je déposerais mon bilan. Où l'aberration humaine peut-elle nous conduire! D'abord, ton père ne s'est pas expliqué sur les quinze cents francs de pension que tu lui demandes. Tu n'as réellement que les neuf cents francs de rente de ta ferme, largement réduits par les frais et les impôts; tu as des dettes, et tu épouses deux femmes, la mère et la fille. Demain, dans huit jours, cette mère peut mourir et la pension s'éteindre. Si tu étais un négociant, un industriel quelconque, je comprendrais ce mariage, le commerce peut nous enrichir; tu n'as pas d'état, tu es incapable d'en exercer un, et tu vas épouser une fille sans dot et un procès! ce qu'il y a de plus ruineux au monde. Tu n'as donc pas un père, un oncle, un ami qui t'avertisse de l'insigne folie que tu vas faire? Comment! tu as très-promptement compris les douceurs du luxe, les avantages de la toilette et du confortable de la vie, et tu vas te jeter dans les embarras de la vie de ménage, des enfants? tu feras des dettes; les huissiers, les papiers timbrés, etc., etc. Si tu étais amoureux fou, tout serait dit; mais si tu jouis encore du plus simple bon sens, non-seulement pour toi, mais pour elle, ne te marie pas, sois de ton temps. Aujourd'hui, on ne fait plus de mariages d'inclination; l'expérience nous apprend que les feux du cœur et de l'imagination s'usent promptement et ne donnent jamais le bonheur qu'ils avaient promis. Le plus petit clerc d'avoué sait que jamais un mariage d'amour ne fut heureux. Adieu, mon cher, consulte ton notaire, consulte le commandant ; ces gens-là connaissent la vie pratique, ils t'indiqueront ce que tu as de mieux à faire. Il me tendit la main, et ajouta, en riant : — Rappelle-toi, mon ami, que le conseil que je te donne vaut bien les cent cinquante francs que tu m'as prêtés. Adieu. Il disparut.

Ces paroles de Robert me tombèrent sur le cœur comme une pluie d'eau glacée, elles m'effrayèrent sur mon avenir; je commençai à voir clair dans cette position. Mon père m'avait répondu froidement : « Fais ce que tu voudras, » persuadé que, s'il me contrariait, je mordrais encore avec plus d'avidité au fruit de la désobéissance. Le commandant ne fut pas d'avis de rompre, il me répondit : — Vous vous êtes engagé, tenez votre parole; un honnête homme n'a que sa parole. Il fallait faire vos réflexions avant de promettre. — Mais je n'ai pas de fortune, répondis-je, mon père ne se dessaisira pas. Il faut vivre ; j'épouse la mère, la fille et un procès; je suis un homme ruiné !

Sous l'impression de cette pensée, je partis pour Chaville. J'avais fait la réflexion que, puisque je renonçais à ce mariage, il était honorable de ma part d'en avertir de suite madame du Villars. En route, le souvenir de la bonté de ces dames, de leur généreuse hospitalité, me donna du remords, mais la perspective de la misère les étouffa. J'entrai chez madame du Villars; elle était seule, sa fille était à son piano dans le salon.

Quand je fus assis à ses côtés, je lui fis une exposition calme et sérieuse de ma position financière. Je lui dis que j'avais contracté une dette envers M. de Cottigny, que j'étais poursuivi pour le remboursement d'un billet; je lui fis entrevoir tous les dangers d'un mariage commencé avec des dettes et un procès. La pauvre mère comprit de suite que le mariage était rompu; on ne pouvait pas toucher impunément à des questions aussi délicates.—Alors, monsieur, me dit-elle, vous refusez d'épouser ma fille? Hélas! j'avais conçu de vous une meilleure opinion... Vous m'ôtez mes dernières illusions... Pauvre Clémence! il te refuse... S'il connaissait ton bon cœur, tes vertus, ton noble caractère et ta fierté!... Car elle est fière, ma fille, monsieur, elle ne vous pardonnera jamais. Voyez-la vous-même, et annoncez-lui comment vous acquittez envers nous la dette de la reconnaissance.

Je me rendis auprès de Clémence; elle vint à moi en me tendant la main, le sourire sur les lèvres. Je lui annonçai froidement la nécessité d'ajourner le mariage. Aux premières paroles, elle me dit:— Assez, monsieur, nous ne nous verrons plus.

Je cherchai à lui faire comprendre que c'était une folie que nous allions faire à deux. — Ne me parlez pas de cela, ajouta-t-elle ; je ne comprends pas comment j'ai pu accepter un tel mariage. Vos réflexions sur ma position et sur la vôtre sont un peu tardives. Vos aveux d'aujourd'hui trahissent la sécheresse de votre cœur ; je bénis le ciel de ce qu'il vous a inspiré cette pensée. Veuillez, monsieur, ne pas renouveler vos visites, vous n'en êtes plus digne. Elle se leva fière et dédaigneuse, m'accompagna jusqu'à la porte du jardin, et me fit une froide révérence.

Je rentrai à Paris le cœur profondément blessé et triste ; je compris que j'avais manqué d'égards envers le malheur, la faiblesse, l'hospitalité et la reconnaissance. Quelques jours après, d'assez vives préoccupations me firent oublier ma honteuse conduite envers ces dames.

Un matin, deux mois après cet événement, j'allai au café Tortoni ; je m'assis à la même table où j'avais rencontré Robert. Après avoir lu le *Journal des Débats*, je pris la *Gazette des Tribunaux*; tout en prenant ma tasse de café, je lus en tête du journal ces terribles paroles : « Arrêt de la Cour de « cassation. Jugement qui déclare inaliénable la « terre d'Armentières, et la restitue à sa légitime « propriétaire, madame du Villars ! »

A cette lecture foudroyante, le vertige me saisit ;

je laissai échapper ma tasse; je tombai en défaillance. Un verre d'eau me remit un peu. Je lus de nouveau le texte de l'arrêt. Le jugement était définitif, les considérants parfaitement motivés. Madame du Villars était envoyée immédiatement en possession de sa terre. Son procès était gagné, et mademoiselle Clémence du Villars avait une dot de trois cent cinquante mille francs!...

Je courus comme un fou au chemin de fer de Versailles, je descendis à Chaville; j'aperçus la maison de campagne, ses persiennes étaient closes. Je m'informai si ces dames l'habitaient toujours; on me dit qu'elles étaient parties depuis trois jours pour la terre d'Armentières, près de Senlis; que leur notaire de Paris était venu les chercher dans un bel équipage; et qu'avant de quitter le pays, elles avaient comblé les pauvres du voisinage de leurs bienfaits.

Que faire, mon Dieu? J'étais anéanti. Partons pour Senlis; j'irai trouver Clémence, je me jetterai à ses genoux, je lui demanderai pardon; elle m'aimait, elle me l'a dit, peut-être me pardonnera-t-elle? Oh! Robert, s'il ne m'avait pas tenu ce langage, aujourd'hui je serais l'heureux époux de la belle et noble Clémence. J'aurais acquitté la dette de la reconnaissance; et je serais devenu propriétaire de la belle terre d'Armentières.

Le soir même, je partis pour Senlis. On m'indiqua Armentières ; j'y arrivai à deux heures de l'après-midi. Je vis au loin le château, les grands arbres du parc, une avenue à perte de vue ; à droite et à gauche de grandes terres labourables, les attelages de la ferme conduits par les laboureurs. Pendant qu'ils traçaient paisiblement leur sillon, je franchissais rapidement l'avenue ; j'arrivai à la grille de fer. Un domestique en livrée vint m'ouvrir, et me demanda ce que je désirais. — Parler à madame du Villars. Il me conduisit au salon, ouvrit la porte, et m'annonça.

Madame du Villars était assise dans un grand fauteuil, près de la cheminée. La pauvre rentière de Chaville avait échangé son bonnet simple contre un bonnet de dentelle garni de rubans aux plus riches nuances. Elle tenait un journal à la main, des lunettes de grand'mère, et ses pieds reposaient sur un épais tapis. Elle posa ses lunettes sur une petite table de travail, me regarda avec une excessive émotion; Mademoiselle Clémence faisait de la tapisserie. Elle avait auprès d'elle son cousin, un jeune officier de marine. Je saluai, et voulus adresser à ces dames quelques compliments sur l'heureuse issue de leur procès. Mademoiselle Clémence vint à moi, et me dit, en essayant de dompter son émotion :
— Monsieur, faites-nous grâce, je vous prie, de vos souhaits de bonheur. Un plus long entretien pourrait causer des émotions à ma mère, vous m'obli-

gerez de les lui épargner. — Mademoiselle, répondis-je, vous recevez bien mal un ancien ami de votre maison. — Pardon, monsieur, reprit-elle; n'ayez pas cette prétention, je ne l'accepte pas. Alfred, ajouta-t-elle vivement, en se tournant vers le jeune officier, veuillez prier poliment monsieur de se retirer.

Le jeune officier s'approcha de moi : — Pas un mot impertinent, dit-il; je ne le permettrais pas. Veuillez vous retirer. — Je m'inclinai tristement et je sortis. En descendant les marches du perron, je sentis mon cœur brisé par la honte et l'humiliation. C'était le juste châtiment de mon parjure, de la légèreté de mon caractère et de mon ingratitude.

Un mois après, j'appris le mariage de mademoiselle Clémence du Villars avec son cousin Alfred de la Vallée, lieutenant de frégate.

Je rencontrai Robert. Il me demanda des nouvelles de ma fiancée. Je tirai de ma poche le numéro de la *Gazette des Tribunaux* et lui fit lire le redoutable arrêt. — Pas possible! s'écria-t-il. — Si possible, que déjà elle est mariée avec son cousin Alfred de la Vallée. — Alors c'est partie et revanche, me dit-il. — Oui, répondis-je, mais la belle n'est pas pour moi.

CHAPITRE XXVIII.

UNE ÉPREUVE GASTRONOMIQUE.

— Voulez-vous, me dit un matin le commandant, que nous passions en revue les fraudes et falsifications des cafés, des restaurants et des marchands de vin de Paris et de la barrière? Vous verrez comment on abreuve ce souverain qu'on appelle le peuple. Sa majesté est plus exposée encore que les majestés de palais à être empoisonnée, ou, pour le moins, à être nourrie de substances alimentaires très-altérées et très-nuisibles à la santé.

A neuf heures, notre première épreuve fut une tasse de café au lait. Nous entrâmes dans un café de la rue Saint-Martin. On nous servit deux tasses de porcelaine avec filet bleu; elles étaient si lourdes, si épaisses, qu'elles ne contenaient pas la moitié de ce que promettait leur capacité. — En vérité, dit le commandant, si le café était au prix où il se vendait pendant le blocus continental, je comprendrais la chicorée; mais il est aujourd'hui à vil prix, et la dose qu'on verse au consommateur est si faible. Goûtez ce café : son goût amer et acidulé indique qu'il y a moitié café et moitié chicorée; quant au lait, il contient une forte addition d'eau blanchie avec de la farine de riz, et on y a mêlé un peu de sous-carbonate de potasse pour l'empêcher de cailler. La fraude la plus fréquente est le mélange du lait avec de l'eau blanchie. On espérait que les chemins de fer, qui apportent du lait de toutes les directions, diminueraient les fraudes : ce besoin de tromper est tellement enraciné dans les mœurs villageoises, qu'on continue de nous faire du lait enfariné. Jusqu'à ce que la science et la police y mettent un obstacle sérieux, il en sera toujours ainsi.

Le petit pain nous parut fort appétissant. La panification était bien faite; seulement, en le flairant, on sentait une odeur de cuivre qui semblait déceler la présence de l'alun ou de l'eau de cuivre. Quant à l'argenterie de ce simple déjeuner, elle était du Ruoltz pur. Nous demandâmes un petit verre d'eau-de-vie. Après l'avoir dégusté lentement, le commandant me dit : — Il y a dans cette eau-de-vie du poivre long et de l'ivraie; elle est amère et âcre au palais. Peut-être, ajouta-t-il, est-ce de l'eau-de-vie de pommes de terre : l'odeur semblerait l'indiquer. Cette eau-de-vie est très-nuisible à la santé : c'est la ruine de l'estomac des ouvriers; ils commencent ordinairement la journée par le petit verre. Cette boisson exerce sur l'estomac et les entrailles la plus funeste influence; elle agit même sur les facultés cérébrales, et les affaiblit promptement.

En attendant l'heure du dîner, nous nous dirigeâmes vers Montfaucon. Montfaucon est une haute montagne située entre le faubourg Saint-Martin et le faubourg Saint-Denis; elle domine la Villette. C'était sur cette montagne qu'on pendait autrefois les criminels. L'aspect de ces lieux est effrayant. Il existait jadis sur la montagne un massif de maçonnerie sur lequel on apercevait treize piliers liés par des poutres. A ces piliers pendaient des chaînes de fer, auxquelles on attachait quelquefois cinquante pendus. Un grand escalier en pierres conduisait à ces potences. Ce fut Enguerrand de Marigny, qui avait fait construire ces potences, qu'on y pendit le premier. Depuis longtemps ce gibet a disparu; il est remplacé par une voirie : on n'y pend plus, on y abat les chevaux. Quand ces bons et utiles serviteurs de l'homme ont épuisé leurs forces à son service, on les conduit à Montfaucon, où ils sont abattus. Que devient la chair de ces animaux? Une partie de cette viande est destinée à servir de nourriture à des animaux, mais la partie la plus saine est mangée par la classe indigente.

Pendant ma visite à l'établissement, une pauvre

femme vint demander à crédit deux kilos de viande de cheval; on lui refusa. Je payai les vingt centimes, et cette bonne femme en fut très-reconnaissante. A côté de l'abattoir des chevaux est celui des chiens et des chats. C'est dans une grande pièce que sont mis à mort sans pitié les chiens errants ramassés dans les rues de Paris. Les chats sont proprement dépouillés et retroussés; je ne pense pas qu'on les pare ainsi pour en faire de l'engrais, ou la nourriture des animaux du Jardin des Plantes. Cette voirie étant un foyer d'infection pour la ville de Paris, elle a été transportée dans la forêt de Bondy.

L'heure du dîner approchait. Nous abandonnâmes ce foyer infect, d'où s'exhalait une odeur qui portait au cœur. — Nous allons faire un dîner de barrière, dit le commandant, sauf à nous dédommager demain en dînant chez Véfour ou chez Philippe. Nous entrâmes dans un restaurant de la Grande Rue de Belleville, hors barrière.

Le dîner se composait d'un potage au gras, d'un bifteck aux pommes, d'un turbot sauce blanche, d'un plat d'épinards et d'une bouteille de Mâcon. Nous avions choisi ce qui paraissait impossible à falsifier.

Le bouillon du potage était d'une belle couleur, mais si léger qu'il ne conservait aucune substance nutritive; c'était de l'eau colorée avec du jus de rôti. Le bifteck était un morceau de bœuf battu dont on avait extrait le jus. Les pommes de terre qui l'entouraient avaient été frites dans la graisse qui déjà avait servi à la friture du poisson ; elles avaient un goût âcre qui vous prenait à la gorge. Les rognons de mouton étaient fabriqués avec des cœurs de bœufs découpés avec des moules de fer. L'anguille de mer était transformée en turbot. Enfin, le plat d'épinards n'avait jamais fait partie de la famille des épinards ; ils provenaient des pampres de pommes de terre, parfaitement hachés et accommodés à la graisse. Quant au vin de Mâcon, c'était un vin du Cher mêlé avec du petit vin blanc de la haute Bourgogne, de l'eau et du vin de Roussillon. Tel fut notre dîner ; nous avions choisi ce qu'il y avait de meilleur. Tout en voulant faire une expérimentation, nous ne voulions pas courir les risques de nous rendre malades.

Après un pareil dîner, on peut se poser cette question : Combien un homme peut-il vivre d'années en se livrant à cette alimentation ? Pour rassurer ceux qui sont destinés à vivre ainsi, il faut croire que l'estomac s'habitue à cette nourriture, à boire ce vin bleu, fabriqué avec du sang de bœuf et de l'esprit de vin : Mithridate s'était habitué au poison, les Chinois à l'opium, les femmes nerveuses à la belladone, et quelques hommes du peuple à l'eau-de-vie. Il y a des estomacs qui peuvent impunément tout boire et tout manger. C'est ce qui explique le phénomène des empoisonnements quotidiens des restaurants.

Pour faciliter la digestion de cet horrible festin, nous fûmes prendre le café chez Tortoni. Une tasse de café pur et le petit verre. L'eau-de-vie était parfaite ; le café était noir, peu de parfum et un arrière goût de colle de poisson : on le prend meilleur chez soi, quand il est soigneusement choisi et servi chaud. Il n'existe peut-être pas à Paris un seul établissement où l'on puisse prendre de l'excellent café ; cela tient à ce qu'on le prépare longtemps avant la consommation, et qu'il perd son parfum à force de séjourner sur les fourneaux.

— Vous le voyez, me dit le commandant, comment on nourrit ce bon peuple ; vous n'avez vu que les superficies. S'il fallait parcourir ces nombreux restaurants, ces guinguettes latines ou de la Cité, ces cabarets borgnes, enfin tous ces tapis-francs où s'alimentent les dernières classes de la société, vous n'auriez pas pu supporter l'épreuve. Il est pourtant triste, dans un pays aussi riche que la France, dans un pays où la terre produit des grains et des légumes à si bon marché, de la viande à des prix si modérés, enfin des vins à abreuver l'Europe entière, que le peuple soit condamné à ne pas toucher un seul aliment sain et pur ; il n'y a pas jusqu'au pain qu'on falsifie avec des farines étrangères, du plâtre, de la levûre de bière, de la chaux. Après ça, on s'étonne que les hôpitaux soient encombrés, que beaucoup d'hommes meurent jeunes, que la population ne fournisse plus les anciens beaux hommes de la garde impériale. Si on altère les principes de la vie par une nourriture dangereuse, comment en serait-il autrement? On assainit les rues en les élargissant, les appartements en leur donnant de l'air; on crée des bains publics, des fontaines dans toutes les rues pour laver le pavé : ce n'est pas assez. Le peuple réclame des lois sévères pour la *répression des vols et des falsifications* dont il est victime chaque jour. Depuis le marchand de bois jusqu'au marchand de vin, depuis la laitière jusqu'au restaurateur, il faut que tout ce qui le chauffe, l'habille ou l'entretient, le vole, le trompe et altère sciemment ses aliments. La fraude est sans pitié; il faut qu'à leur tour la police et la justice soient sans pitié pour elle.

CHAPITRE XXIX.

LE GARDE DU COMMERCE.

A la fin de juin, la lettre de change que j'avais souscrite à M. de Cottigny fut présentée. Refus de payement, faute de fonds; protêt et assignation. J'ai tellement horreur du grimoire des huissiers, que, lorsque je recevais des feuilles de papier timbré, je ne les lisais pas. De loin en loin, j'allais voir M. Gribaudet, mon avocat; il me disait : — Votre affaire marche bien, votre avoué Dupré a fait la purge des hypothèques légales; il en demande la main-levée. Comme cette hypothèque repose sur les biens de Dupuy, vendus et non vendus, nous obtiendrons la radiation, ce n'est plus qu'une question de temps. Mais à propos! où en êtes-vous avec M. de Cottigny ? — Je crois qu'il a pris un jugement contre moi; j'ai sur ma cheminée une montagne de papiers timbrés. — Comment! vous croyez qu'il a pris jugement contre vous, et vous n'êtes pas plus ému que ça ! Mon cher, il s'agit de votre liberté ; M. de Cotligny est capable de vous faire mettre à Clichy. Apportez-moi tous ces papiers, et je vous dirai s'il y a moyen de gagner du temps. »

Quelques jours s'écoulèrent, j'avais une paresse si grande dans l'esprit, quand il s'agissait de se rendre chez mon avocat, que je ne songeai plus à lui porter les pièces qu'il m'avait réclamées. Un lundi matin, je reçus une nouvelle feuille de papier timbré, je la mis dans mon portefeuille sans la lire, et, selon mon habitude, je tirai un cigare de mon étui, je le fumai, et j'oubliai ma correspondance avec les huissiers.

Le lendemain, je déjeunais fort joyeusement à l'hôtel, avec le commandant ; un domestique en grande livrée demanda à me parler. On le fit entrer dans la salle à manger. Il me remit un joli petit billet parfumé.

Il était ainsi conçu :

« Cher Monsieur,

« Mon amie, madame la comtesse de Parlanges, donne ce soir une brillante fête dans son château du Plessis, à Saint-Germain ; elle m'a prié d'inviter quelques-uns de mes amis. C'est un peu tard peut-être ; je vous affirme que l'invitation a été oubliée dans mon secrétaire. Vous pouvez vous rendre au château du Plessis par le chemin de fer de Saint-Germain. Venez de bonne heure, vous me ferez demander, et j'aurai l'honneur de vous présenter à madame de Parlanges.

« Mes compliments affectueux,

« LUCIE DE NÉRIS. »

Je montrai cette lettre au commandant, qui me dit : — Je connais beaucoup madame de Parlanges, ainsi que madame de Néris ; celle-ci a été la femme d'un pianiste célèbre ; elle a changé de nom depuis la mort de son mari. On dit qu'elle a été une des favorites de l'empereur, et qu'elle est revenue très-riche de Saint-Pétersbourg. Quant à madame de Parlanges, elle possède un magnifique château à un quart de lieue de Saint-Germain. La fête sera superbe. Je ne connais pas de femme qui sache donner de plus belles fêtes. C'est une véritable héroïne de roman. Elle monte à cheval admirablement. Elle fait des armes, fume le cigare, et sa parole est d'une excentricité et d'une franchise incroyables. Son mari a échoué dans les dernières élections, malgré les distributions abondantes qu'il avait fait faire aux malheureux des environs. C'est l'invitation la plus agréable qu'on puisse recevoir : vous trouverez gaieté, plaisir, luxe, enchantements, surprises, et tout ce qui peut animer et rendre une fête brillante.

A trois heures, je commençai ma toilette. Je mis tous les raffinements de l'art de la coiffure dans l'arrangement de mes cheveux : ma cravate était parfaitement agencée, mon gilet d'un goût parfait, mon habit d'une coupe élégante. La transformation qui s'était opérée dans ma tenue était telle, que mon père aurait eu de la peine à me reconnaître. Par mesure de précaution, je pris un léger manteau pour revenir le soir, et je glissai cinq pièces de vingt francs dans ma bourse, pour les besoins du jeu et faire les choses convenablement. Je descendis, le cœur plein de joie d'aller à la fête. — Réflexion faite, me disais-je, la bonne compagnie a bien son charme; elle coûte moins cher, et l'on peut s'y procurer les mêmes plaisirs que dans la mauvaise. Une jolie femme du monde vaut toutes les lorettes et les actrices de Paris. J'espère que ce soir je ferai une conquête. En voilà assez des actrices et des lorettes, osons nous élever à la grande dame?

Je descendis leste et joyeux. Je me dirigeais vers la station du chemin de fer, lorsqu'au détour de la rue, un monsieur s'approcha de moi et me dit poliment : — C'est bien vous qui êtes monsieur Michel-Marie Montagny, de Montargis? — Oui, monsieur. — Je dois vous dire, me répondit-il froidement, que je suis monsieur Rupin, garde du commerce. Vous allez me payer la somme de mille francs, montant d'une lettre de change, et cent cinquante-un francs quatre-vingt-cinq centimes pour frais de jugement, signification, ou je vous conduis à la maison d'arrêt pour dettes.

Il y a des paroles qui vous foudroient un homme comme un coup de tonnerre; des hauteurs du paradis, je tombai dans les abîmes de l'enfer. Je devins pâle à faire peur. — Monsieur, me dit le garde du commerce, dans le premier moment cela produit une assez vive impression; on s'y accoutume peu à peu, et demain, avec de joyeux camarades, votre gaieté reviendra. — Mais, monsieur, est-ce qu'il n'y a pas moyen de se soustraire à cette infamie? — Sans doute, un excellent : payez-moi onze cent cinquante-un francs quatre-vingt-cinq centimes et je vous rends la liberté. — Mais je n'ai pas d'argent, monsieur. Si on m'accordait un mois, je pourrais m'acquitter. — Tout cela s'arrangera à Clichy, j'ai mon devoir à remplir; partons. Voulez-vous un fiacre, monsieur? — Volontiers.

Nous montâmes dans un fiacre, avec deux autres estafiers; ce que j'ai souffert pendant ce trajet est affreux. Au lieu de cette fête magnifique pour laquelle j'avais fait de si brillants préparatifs, je me trouvai dans le fond d'un fiacre, avec la tristesse d'un condamné qu'on mène au supplice. On me conduisit à Clichy.

Arrivé à ce douloureux Calvaire, je pris une sueur froide en entrant dans la prison. On m'écroua; une énorme porte s'ouvrit, et je me trouvai dans une vaste galerie, où se promenait un assez grand nombre de prisonniers, dans le plus incroyable négligé. Plusieurs vinrent me prendre amicalement la main, d'autres m'adressèrent la parole en me tutoyant. A côté de la galerie était le restaurant ; j'y dînai très-modestement ; ce modeste dîner me rappelait que si je n'avais pas fait la sottise de signer une lettre de change, je brillerais en ce moment au vaste buffet et aux somptueux rafraîchissements du château du Plessis. Le bifteck et les pommes de terre, tel fut mon dîner, au lieu de la dinde aux truffes, des pâtés de foies gras, des galantines, et autres friandises qui s'étalent aux yeux des invités dans ces somptueuses fêtes. Hélas ! quand la joie et le plaisir se présentent au logis, il faut bien les accueillir, qui sait si elles auront un lendemain !

CHAPITRE XXX.

CLICHY.

Après avoir terminé mon modeste dîner, je fus conduit dans une petite chambre au troisième étage. Il y avait un lit en fer, long et large comme une bière, une petite table et deux chaises. Le porte-clefs me fit l'éloge de la vue dont on jouissait. En effet, la croisée s'ouvrait sur la terrasse, et de ma fenêtre j'apercevais une immense étendue de toits et de cheminées qui se perdaient dans les profondeurs de l'horizon. Avant de me quitter, il me dit :
— Vous êtes libre de descendre sur la terrasse ou de vous promener dans la galerie avec vos nouveaux camarades.

Quand il fut parti, je fus m'asseoir sur le bord de mon lit. Je me mis à regretter toutes les folies que j'avais faites ; je n'épargnai pas les malédictions à M. de Cottigny ; je me promis bien que, dussé-je rester cinq ans en prison, je ne lui vendrais pas ma ferme. Mon incarcération était d'autant plus humiliante, qu'elle se réduisait à un véritable accident. Avec un père dans l'aisance, un frère à la tête d'un hôtel, et moi-même possédant une ferme de trente mille francs, il était évident que je ne devais pas être longtemps privé de ma liberté. Il est vrai que mon père était absent, que ma ferme était compromise par un procès ; je pouvais être incertain sur le jour de ma sortie, mais mes inquiétudes avaient un terme.

On frappa à ma porte ; c'était Robert Duclos. Il me tendit la main et se mit à chanter le couplet de Béranger :

> D'un petit bout de chaîne
> Depuis que j'ai tâté,
> Mon cœur en belle haine
> A pris la liberté.
> Fi de la liberté !
> A bas la liberté !

— Eh bien ! mon pauvre Michel, nous voilà donc prisonnier pour dettes, toi, ce modèle de sagesse et d'économie ! toi, Michel Montagny, en prison ! Voilà bien les coups du sort. Robert Duclos, le chevalier d'industrie, est en liberté, tandis que son ami Montagny, propriétaire d'une ferme dans le Loiret, est en prison pour dettes. Moi qui ai des dettes dans tous les coins de Paris, et toi qui ne dois qu'une misérable somme de mille francs, tu es en prison. Cela me renverse. Mon cher, j'ai passé deux fois par les terribles épreuves de la prison ; j'en suis glorieusement sorti. — Et comment cela? lui dis-je. — Je n'ai pas payé. — Mon intention est d'acquitter ma dette. — Voilà les grands principes. Tu as raison, tu payeras. Je ne sais pas comment tu t'y prendrais pour ne pas payer ; avec une ferme et un père gros propriétaire, on paye ses dettes. Mon cher, c'est presque toujours notre position financière qui fait notre moralité. Je n'ai pas payé parce que je n'avais pas le sou. Ah çà ! voyons, as-tu réfléchi au moyen de briser tes fers? — Pas encore. — Adresse-toi à ton père. — Jamais ! — Cela est ridicule ! Eh ! mon ami, dès le début de certaines situations dans la vie, l'homme a tant de vanité, qu'il se révolte contre la pensée de quelques démarches humiliantes qu'il faut subir pour en sortir; mais peu à peu, il s'apprivoise avec elles. Quinze jours de traitement cellulaire, et tu te mettras à genoux devant celui que tu ne veux pas même prier aujourd'hui. Oh ! si tu savais la haute et basse pression que la nécessité exerce sur la volonté de l'homme ! Après ça, est-ce que tu crois que ton père n'apprendra pas que M. de Cottigny t'a fait incarcérer? Est-ce que tu crois que les anges viendront te délivrer, comme ils ont délivré saint Pierre? Enfin, mon cher, vois donc le positif de ta position, et ce qu'il y a de plus raisonnable à faire pour sortir de prison. — Oh! la prison, je l'accepterais, répondis-je; mais ce que je redoute, c'est le scandale causé dans ma petite ville par cette arrestation; c'est la honte de reparaître dans le pays après avoir été prisonnier pour dettes. C'est une tache sur ma vie. Il me semble que je les entends s'écrier : Eh bien! vous savez la nouvelle? Michel Montagny, qui faisait le beau, le fier, l'aristo, on l'a mis en prison pour dettes! Il n'a pas pu payer ses créanciers. Il faisait tant d'embarras; c'est bien fait. Le bel honneur pour sa famille! Il a vécu en prison avec des escrocs et des voleurs. Suppose qu'un jour je demande en mariage la fille d'un riche propriétaire, on écrira au père de ma fiancée une lettre anonyme pour le prévenir que j'ai achevé mon éducation à Clichy; et dans les salons même de Paris, quelle que soit leur tolérance, j'y perdrai une partie de la considération dont on a besoin pour être honorablement accueilli. Vois-tu, j'en suis profondément humilié. Je l'ai mérité. Laisser partir mon vieux père et ma bonne tante sans les embrasser, et tout cela pour ne pas quitter ce maudit pavé de Paris! C'est odieux!

Je mis ma tête dans mes deux mains et je pleurai. — Tu pleures, me dit Robert en levant les épaules, tu pleures, philosophe de boudoir! Oh! ce n'est pas sur ta tante que tu pleures, c'est ton orgueil qui est blessé, ta vanité qui est humiliée. Descends donc dans le préau, vois ces prisonniers qui se promènent sur la terrasse : il y en a parmi eux qui valent mieux que toi ; ils n'ont pas comme toi un père et une tante riches pour payer leurs dettes ; la porte de la prison ne s'ouvrira pas pour eux avant cinq ans, et ils ne pleurent pas. Regarde donc au-dessous de toi ces malheureux qui s'agitent sur la vaste mer de la misère ; possèdent-ils le toit hospitalier de la famille ? Non ; mais celui de l'hospice, et ils ne pleurent pas. Allons, du courage. Demain, je reviendrai te voir, et nous verrons par quels moyens il nous sera possible de reconquérir ta liberté. Adieu, à demain. Couche-toi, dors ; le chagrin s'endort avec nous ; il ne veille pas comme la sentinelle à l'entrée de la tente du général ; avec le sommeil, on l'oublie. — Sauf à le retrouver au réveil, lui dis-je. — Que veux-tu, c'est beaucoup déjà qu'il suspende ainsi nos peines ; c'est la trêve de Dieu.

Je m'endormis d'un sommeil lourd. A mon réveil, je fus presque surpris de me trouver sur mon petit lit en fer, entre les murailles d'une sorte de cachot.

CHAPITRE XXXI.

COMMENT LES GENS D'AFFAIRES VOUS TRAITENT A PARIS.

L'existence du prisonnier pour dettes, dans la maison d'arrêt de la rue de Clichy, est très-supportable, quand il a le bon esprit de se résigner au régime de la prison. Un bon restaurant, où l'on fait payer un peu cher; de joyeux compagnons d'infortune, des visites, le jeu, la promenade sur la terrasse quand il fait beau, sous la grande galerie quand il pleut; les conversations politiques, artistiques et littéraires, font écouler la journée. Il y a des prisonniers qui s'y trouvent heureux; sans inquiétude sur leur logement et les besoins de la vie, ils acceptent très-philosophiquement leur incarcération.

A une heure, Robert Duclos se présenta. — Tu recevras, me dit-il, la visite de ton ami le commandant. Ton arrestation l'a rendu malade. Avec ses longues moustaches, je le prenais pour un capitaine de corsaires ; c'est un excellent homme. Voici des cigares, première consolation ; puis le dîner, avec force vin de Champagne, breuvage bienfaisant, qui trompe et endort tous les chagrins. — Et puis, le lendemain nous rend plus tristes, lui répondis-je. — Bah ! vive le moment présent ! s'écria Robert, chaque jour amène sa peine, mais chaque jour amène aussi son plaisir. L'ivresse du champagne fait danser les chagrins : elle ouvre les portes de la prison, et donne la liberté à l'âme. Tu me chanteras la ravissante chanson de Béranger :

> L'aï brillait, et ma jeune maîtresse
> Chantait les dieux dans la Grèce oubliés;

Ou toute autre chanson de ton ami Béranger ; car, vous autres dandys de Montargis, vous en êtes encore au poète national. Mais tu ne réponds pas ; te voilà bien malheureux d'être en prison avec la certitude que dans deux jours tu seras libre ! Ton courage faillit devant ta destinée : enfant, qui ne sait pas que la vie est soumise à mille épreuves plus ou moins tristes. Mon cher, l'homme doit tenir tête au malheur, s'il veut un jour que la fortune lui tienne compte de ses revers.

En ce moment, on m'annonça la visite de M. Gribaudet. Il avait un air grave. — Je vous avais prévenu, me dit-il, que M. de Cottigny vous jouerait un mauvais tour; c'est un homme plein de trahisons. J'aurais beaucoup à dire sur lui; mais il ne s'agit pas de cela, il ne faut pas que j'imite le pédagogue de la fable. Votre ami le commandant est venu me voir; après de longues discussions, dans lesquelles il a très-bien défendu vos intérêts, nous avons arrêté que l'un des clients de Mᵉ Dupré, votre avoué, vous prêterait trois mille francs, moyennant une prime de cinq cents francs. Malgré l'hypothèque légale des mineurs Dupuy, dont nous aurons incessamment la main-levée, il a consenti à prêter cette somme, Mᵉ Dupré ayant déclaré formellement que la main-levée n'était plus qu'une question de temps. Ainsi, mon ami, vous comprenez bien l'engagement que vous allez consentir : vous reconnaîtrez que l'on vous a prêté trois mille francs, et vous ne recevrez que deux mille cinq cents; y consentez-vous? — Puisque je ne peux pas faire autrement. Mais pourquoi emprunter trois mille francs, quand je ne dois que mille cent cinquante-un francs quatre-vingt-cinq centimes? — Sans doute, répondit le jurisconsulte, ce serait inutile ; mais prenez garde que vous avez à payer les frais de l'acte par-devant notaire, les frais de la négociation Dupré, les honoraires de mes démarches; il vous faut ensuite quelques cents francs; c'est à peine si les deux mille cinq cents suffiront. Je consentis à tout; je signai un pouvoir à M. Gribaudet; et il partit en me disant : — Demain, vous serez libre.

Ainsi, une simple dette de mille francs m'avait entraîné dans une dépense de trois mille francs. On est très-surpris de la promptitude avec laquelle tant de gens se ruinent à Paris; la justice y est si bien faite que, dès qu'un homme se laisse surprendre par un protêt, un jugement, quoique au-dessus de ses affaires, il est rare qu'il ne succombe pas sous les frais et le discrédit dont il est accablé.

— A table! me dit Robert, à présent que ton censeur est parti. Sont-ils ennuyeux ces gens de plume! pour se donner de l'importance, il n'en finissait pas. Il va s'adjuger des honoraires à tes dépens; et c'est le commandant qui a vu ton avoué, qui a traité avec son client, tandis que ton avocat ne savait pas seulement ce dont il s'agissait. C'est toujours comme ça; il va plaider à la justice de paix, et il dit qu'il arrive de la seconde chambre.

Nous descendîmes à la cantine, l'on nous servit à déjeuner. A peine avais-je bu le premier verre de vin de Champagne, ma gaieté reparut. Je voulais faire des études psychologiques sur le monde; j'en avais un abrégé complet sous les yeux. Les prisonniers pour dettes représentent toutes les classes de la société, depuis le chiffonnier jusqu'au banquier.

— Ah çà! dit Robert, invite tes compagnons d'infortune à boire avec nous ; tu connais le système de la solidarité de Louis Blanc : dans le bonheur aidons nos frères, pour qu'ils nous aident à leur tour dans le malheur. — Mon cher, je ne suis ni un Ouvrard, ni un archevêque de Tolède ; je professe des sentiments d'humanité envers mes semblables, cela ne va pas jusqu'à me dépouiller de mon dernier écu pour faire boire des prisonniers pour dettes. Tu es vraiment très-généreux du bien d'autrui. Comment, on proteste ma signature, on me prive de ma liberté, on m'accable de frais ; et, le peu d'argent qui me reste, il faudra le dépenser à boire du champagne ! En vérité ! Robert, si tu es malheureux, tu l'as bien mérité ! Avec cette imprévoyance, comment en serait-il autrement ? Va, mon ami, chez la plupart des hommes, le malheur est une expiation. On ne devrait pas se plaindre de sa destinée, mais de soi-même ; c'est toujours l'homme qui est l'artisan de sa propre infortune.

— Bien parlé ! s'écria Robert, pour un prisonnier pour dettes qui peut faire son profit de ces sages maximes. Je ne sais pas où j'ai lu que les hommes ressemblaient aux orgues de Barbarie ; ils sont notés pour jouer tel air ; ne leur demandez pas un air qui n'est pas noté, ils le joueront mal. La nature m'a créé pour être dissipateur, joueur, imprévoyant ; elle m'a accordé la facilité de la parole, mais elle m'a refusé la raison et l'esprit de suite. En sorte que, lorsqu'un jour Dieu me demandera compte de mes bonnes actions, je lui répondrai que je n'avais pas été noté pour jouer ces airs-là.

— Mon ami, lui dis-je, l'ivresse obscurcit tes idées; ces paroles sont du plus pur matérialisme, et tu n'es pas de l'école matérialiste. Que l'animal soit noté par la nature pour jouer tel air, le castor pour bâtir une cabane, l'araignée pour faire sa toile, cela est possible; mais toi, tu as un sens moral, un libre arbitre, une conscience, tout cela est indépendant de l'organisation, et nous indique très-bien quand l'air que nous jouons est faux.

— Pardon, dit Robert, laisse là tes grands principes; j'aime mieux ces vers de ton poëte favori, écoute.

Il se mit à chanter :

>   Amis, voici la riante semaine
>   Que tous les ans je fêtais avec vous;
>   Marotte en mains, dans le char qu'il promène,
>   Au bal Momus conduit sages et fous.
>   Sur ma prison, dans l'ombre ensevelie,
>   Il m'a semblé voir passer les Amours;
>   J'entends au loin l'archet de la Folie,
>   O mes amis! prolongez d'heureux jours.

Bon Béranger, philosophe méconnu, fier de sa pauvreté, cherchant à faire oublier sa gloire, donnant à tous l'exemple du désintéressement, et ne trouvant personne qui voulût l'imiter! Mon cher, il y a toujours des heures heureuses pour la jeunesse dans ce monde. — Heureuses! m'écriai-je avec humeur, en jetant ma serviette sur mon épaule. Les heures heureuses sont celles où l'on dort; et je m'endormis le cigare à la bouche. Robert en fit autant.

Il y avait un quart d'heure que je dormais, lorsque je me réveillai brusquement. Quelle fut ma surprise! Je vis à mes côtés M. Gribaudet et le commandant, fumant tranquillement sa pipe. Sa figure était sévère, il fronçait les sourcils. — Je vous croyais un homme plus raisonnable, me dit-il; vous dégrader jusqu'à l'ivresse, c'est mal! — Ah bah! n'ai-je pas eu assez de tourment depuis cette maudite arrestation; quand j'aurais cherché à les oublier dans l'ivresse du champagne, où est le mal? — Ne parlons plus de cela, dit le commandant, voici votre avocat, M⁰ Gribaudet, qui vous apporte votre libération. — Le notaire nous attend, dit M⁰ Gribaudet; allons, pas une minute de retard, partons.

La porte de la prison de Clichy s'ouvrit, le directeur m'accompagna, en me félicitant sur le peu de temps que j'avais passé chez lui, et m'engageant à ne pas revenir le voir, malgré tout le plaisir qu'il éprouverait à avoir des pensionnaires comme moi. En traversant la grande galerie, je pressai la main de quelques prisonniers; je vis des sourires de tristesse errer sur ces visages, ils enviaient le bonheur que j'avais d'être libre. Oh! c'est un bonheur si grand de pouvoir découvrir son horizon sans trouver devant soi une porte de prison qui vous dit : On ne passe pas!

CHAPITRE XXXII.

L'AMOUR DANS LES RUES.

Si les soldats d'Annibal se sont laissé amollir par les délices de Capoue, il ne faut pas être surpris si les jeunes gens de province se laissent amollir par les plaisirs de Paris. Vingt-cinq ans, imagination vive, le cœur chaud, la bourse bien garnie, un désir avide de m'instruire, il m'était difficile de résister aux séductions de Paris. Elles naissent, pour ainsi dire, sous vos pas. Vous allez au théâtre, vous êtes placé près d'une jeune femme, la conversation s'engage, elle accepte un rendez-vous, souvent même l'intimité s'engage dans la soirée.

Dans les bals publics, la plupart des femmes s'y rendent avec l'intention d'y faire un amant. Les provocations y sont encore plus directes. Si les séductions du bal ne suffisent pas pour exciter vos sens, les boutiques de marchands de gravures vous étalent les sujets les plus nus. Vous avez un petit théâtre qui vous offre les tableaux vivants, où pour deux francs vous pouvez vous donner le plaisir d'admirer toutes les divinités de l'Olympe sous les traits de femmes ravissantes, n'ayant pour tout vêtement qu'un simple tricot. Toutes les divinités rêvées par la riante imagination des Grecs passent sous vos yeux. On peut se croire transformé en berger Pâris.

Vous avez encore le vaudeville moderne, avec sa morale dissolvante, ses gestes effrontés; des danses qu'on tolérerait à peine dans un bal d'étudiants; et enfin les danseuses de tous les théâtres, vêtues de gaze et de fleurs, comme disent les poëtes. La gravure, le statuaire, la musique, le bal, le théâtre, enivrent vos sens. Il est triste de penser que les beaux-arts, au lieu de perfectionner la société, la pervertissent! Loin de marcher vers une civilisation plus éclairée, l'humanité se dégrade. Les intempérances de la jeunesse usent la beauté du corps et de l'âme; elles ont une punition : elles nous préparent une vieillesse précoce. Qu'importe! s'écrie le provincial, il faut bien que jeunesse se passe?

Un soir, je parcourais le boulevard Bonne-Nouvelle, l'esprit surexcité par mille souvenirs et cherchant des plaisirs faciles. J'étais indécis entre le théâtre et le bal. En ce moment, une jeune personne, en long manteau noir, s'approcha vivement de moi et me dit : — Monsieur, n'êtes-vous pas M. Chastagnet? — Surpris par cette étrange question, je lui répondis : — Non, mademoiselle. Mais que voulez-vous à M. Chastagnet? — Mon Dieu, monsieur, ajouta la jeune fille, je suis bien malheureuse! Demoiselle de comptoir dans un magasin de mercerie de la rue Montmartre, M. Chastagnet s'est présenté trois fois au magasin pour y faire des emplettes; avant-hier, au moment d'acquitter sa facture, il m'a glissé dans la main un petit billet dans lequel il m'écrivait qu'une jeune personne aussi jolie que moi n'était pas faite pour tenir le comptoir d'un marchand en détail; qu'il pouvait me rendre riche et heureuse : trouvez-vous demain, à huit heures du soir, boulevard Bonne-Nouvelle, je vous en dirai davantage. Hélas! monsieur, je l'ai attendu depuis huit heures jusqu'à dix heures, il n'est pas venu. Le lendemain matin, on m'a prié de chercher une place; j'ai une petite chambre rue Bourbon-Villeneuve, dont le loyer, de quinze francs par mois, est échu demain; et si je ne paye pas mon mois, je serai renvoyée. Oh! si j'écoutais mon désespoir, je me ferais mourir. Elle prit son mouchoir et essuya ses larmes. — Voyons, mademoiselle, il n'y a pas dans cet accident un motif assez grave pour se suicider. — Pardon, monsieur, reprit la jeune fille, dès qu'on a mis le pied dans cette boue de la misère, il n'y a plus moyen d'en sortir.

Ses paroles me parurent sincères; je me mis à

croire qu'il y avait du vrai dans cette histoire. — Permettez-moi de vous accompagner, lui dis-je, nous parlerons chez vous plus à notre aise de vos chagrins et de votre avenir. Nous arrivâmes ainsi rue Bourbon-Villeneuve; j'entrai dans une maison d'une assez singulière apparence : porte étroite, escalier mal éclairé; une de ces maisons qu'on dirait faites exprès pour le crime. Elle s'arrêta au deuxième étage, et nous entrâmes dans une petite chambre assez modestement meublée : rideaux blancs, commode en acajou à dessus de marbre cassé, fauteuil en noyer, garni de velours d'Utrecht jaune, table en sapin et chaises de paille; forte odeur de cigare. L'odeur du tabac m'inspira immédiatement des inquiétudes. La jeune fille avait quitté son chapeau et son manteau, elle était pâle et visiblement émue. C'était une beauté commune.

En ce moment on frappa trois coups à la porte, avec une certaine vivacité. Elle se précipita pour ouvrir, je saisis son bras; de mon autre main, je fouillai ma poche, et lui montrai un couteau-poignard. Alors, prenant l'attitude de la statue de Spartacus, du jardin des Tuileries : — Je vois bien, lui dis-je, que je suis ici dans un coupe-gorge, mais vous n'aurez pas bon marché de ma vie ni de ma bourse; vas ouvrir maintenant. Elle m'échappa, et se précipita vers la porte; elle ouvrit. Un furieux, le bâton à la main, se précipita sur moi en me criant:

— C'est donc ainsi, infâme *aristo*, que tu viens pour séduire ma femme... Il s'arrêta brusquement, et laissa échapper son bâton en s'écriant : — C'est toi !... Ma surprise, ou plutôt ma terreur, fut égale à la sienne. Je venais de reconnaître Robert Duclos ! Cette apparition fut suivie d'un silence sinistre, j'étais pâle et le regardai avec une profonde expression de mépris. — Je savais bien, lui dis-je, que tu étais un escroc, un industriel, mais j'ignorais l'infâme métier que tu fais aujourd'hui ; ne me parle jamais, car je te tiens pour le plus méprisable des hommes. Si j'avais un reste d'affection pour toi, je te tuerais, car je suis dans le cas d'une légitime défense, et je te rendrais service. Tu m'as enlevé cent francs au sortir d'un déjeuner ; tu m'as emprunté cinquante francs, avec des armes dans les mains, je te pardonne. Mais te faire le complice d'une prostituée ! t'associer à elle pour dépouiller celui qu'elle pourra attirer dans ce coupe-gorge, c'est une infamie ! Adieu ! — Il me semble, reprit Robert en se mettant en travers la porte, que je me conduis généreusement avec toi. — Comment ? — Mais, répondit-il, en te laissant sortir d'ici sain et sauf, après des paroles aussi méprisantes. — Tu n'es pas aussi généreux que tu veux bien le dire, m'écriai-je, en lui montrant l'arme que j'avais à la main. — Demain, reprit-il d'un ton farouche, si je le voulais, je te ferais arrêter et condamner à la déportation !

— Je le regardais avec calme; et lui mettant la main sur l'épaule : Mon cher, lui dis-je, s'il te reste un peu de cœur et un peu d'énergie, tu n'as plus qu'un moyen pour en finir avec une existence aussi avilie et aussi dégradée. — Et lequel? fit-il en relevant la touffe de ses cheveux noirs. — Le suicide, répondis-je d'une voix grave et en passant devant lui; le suicide, et je disparus.

CHAPITRE XXXIII.

ROBERT DUCLOS. — LA MORGUE.

Le lendemain, ce fut avec une tristesse profonde que je me rappelai la scène de la rue Bourbon-Villeneuve : elle m'avait vivement impressionné. Je savais que Robert était un homme peu scrupuleux sur ses moyens d'existence : c'était un chevalier d'industrie; mais son esprit, sa gaieté, sa philosophie, me faisaient en quelque sorte excuser les écarts de sa vie. Robert était incapable d'exercer un travail quelconque; il ne prenait rien au sérieux ; il ne donnait pas aux choses de ce monde la valeur que leur accorde la plupart des hommes. Dès le début de sa vie il avait marché séparé, c'est-à-dire dans un sens contraire à leurs intérêts. Jamais un parent, un ami, ne lui avait dit : « Tu es sur une fausse route. » Aussi avide de plaisirs, sans aucune expérience, oiseau de passage ne demandant à la vie que des distractions, je n'avais pas assez d'empire sur lui pour faire de la morale. Son contact ne pouvait me corrompre; je ne le recherchais pas, mais je l'accueillais avec tolérance. Après la scène de protecteur de la jeune fille, je fis le serment solennel de ne jamais le revoir.

On me remit une lettre; elle portait un cachet noir. Je cherchai avec inquiétude la signature : elle était de Robert Duclos.

Il m'écrivait :

« Mon cher Michel, ce matin, à quatre heures, j'ai mis à exécution tes terribles paroles d'hier. Quand tu recevras ma lettre j'aurai cessé de vivre. Tu me l'as dit : — Tu n'as qu'un moyen de sortir de toutes ces infamies : c'est le suicide... J'ai suivi ton conseil; à quatre heures, je me précipiterai du Pont-Neuf dans la Seine, les jambes attachées; et si tu me revois dans ce monde, ce sera sur les tables de la Morgue.

« Mon ami, pardon; ce mot t'offense peut-être. Imagine que tu parles à un mort. A l'heure où tu recevras cette lettre, la mort aura purifié mon âme. C'est toi, mon bon Michel, qui as fait briller à mes yeux l'espérance et le repentir. Tes paroles ont éclairé d'une lueur sinistre la fange dans laquelle je vivais; elles m'ont frappé à ce point, qu'à peine descendu dans la rue, j'ai abjuré ma détestable vie, j'ai livré mon cœur au repentir et j'ai compris qu'en effet il n'y avait pas d'autre moyen d'échapper à toutes mes turpitudes qu'en m'exécutant moi-même. Le suicide avait d'abord éveillé chez moi des terreurs ; la crainte de Dieu retenait ma main, je me suis rappelé les paroles de Saint-Preux : « Quand notre vie est un mal, et n'est un bien pour personne, il est permis de s'en délivrer. » En vérité, la philosophie est bien tolérante ; elle a des excuses pour tous les vices, et, au besoin, des apologies. C'est la philosophie qui me l'a appris : je ne suis rien, un chevalier d'industrie, un homme inutile à la société, que dis-je, inutile ? je vis à ses dépens ; je ressemble aux plantes parasites des champs : c'est un service à rendre que de les détruire. Je ne pense pas que personne porte mon deuil ; quelques frères et amis peut-être, tout aussi dangereux que moi, et encore, je jette les yeux autour de moi, je suis isolé dans ma barque, je peux la faire sombrer, personne n'est à mes côtés, ni père, ni mère, ni enfants ; comme César, je porte ma fortune avec moi. Le monde ne me blâmera pas : je lui suis inconnu. D'ailleurs, s'il voulait parler, je lui découvrirais mes plaies, et l'homme raisonnable ne manquerait pas de dire : « Il a bien fait. L'âme était trop corrompue ; le suicide seul pouvait l'affranchir. » Le suicide est un repentir, une expiation, une prière, un retour vers Dieu, dont on réclame l'indulgence. Après l'horrible scène d'hier, je n'aurais jamais osé reparaître devant toi ; aujourd'hui que la mort a affranchi ma vie, mon âme vient causer avec la tienne. La mort a ce grand privilége de relever l'homme malheureux et de rappeler ses bonnes qualités à ceux qui ont été ses amis.

« Mon pauvre Michel, peut-être que le souvenir des dures paroles que tu m'as adressées te donnera des remords. Chasse ces idées. Depuis deux années je m'étais familiarisé avec la pensée du suicide. Tu te souviens, dans une soirée chez Florine, j'ai professé cette doctrine. Déjà cette pensée me préoccupait ; il ne fallait plus qu'une main amie qui me poussât un peu pour me décider à prendre ce grand parti. Ta main généreuse est venue à mon secours, Morel, ami ! merci ! Tu m'as rendu un grand et dernier service. Que ma mort te serve de leçon ! Écoute les derniers conseils de ma vieille expérience. Retourne à Montargis. Tu as un caractère plein de passions, léger, facile à entraîner, une imagination ardente : ces natures-là sont très-exposées dans les grandes villes. Quitte Paris ; sans t'en douter tu pourrais te trouver sur la même route que moi. Le mal a cette perfidie qu'il vous cache les piéges qu'il tend sous vos pas ; on croit marcher sur des fleurs, on ne s'aperçoit pas que l'herbe fraîche et les fleurs cachent des vipères. Je te rappelle un exemple : tu m'as prêté cent francs au sortir d'un déjeuner chez Tortoni. Eh bien! n'as-tu pas toi-même emprunté de la même manière deux cents francs à Richard? Le mal c'est le cheveu du diable; dès qu'il tient un cheveu, votre personne tout entière lui appartient.

« Mon ami, j'espère que ma mort trouvera grâce devant toi. Tu me plaindras et tu ne m'oublieras pas. J'étais un triste sujet, mais, comme tous les hommes, j'avais aussi quelques vertus. Quand de Morancé a voulu se battre avec toi, j'ai offert de me battre à ta place. Quand la prison de Clichy s'est ouverte sur toi, la première main qui a pressé la tienne fut la mienne. J'étais à tes côtés au moment de la tristesse; mes vices ne détruisent pas mes bons sentiments. La fatalité du sort, la mauvaise éducation, la perte de ma famille que je n'ai jamais connue, voilà les principales causes de mes erreurs.

« Je peux dire ces choses-là, au moment de mourir. Si tu connaissais comme moi la vie, tu saurais que dans chaque famille il y a le secret d'un crime, d'un vice honteux; il y a des consciences flétries, des fortunes mal acquises, des adultères et autres corruptions qu'on cache soigneusement. Je ne cherche pas à me relever en abaissant les autres; mais, de mon point de vue, il y a pour moi très-peu de différence entre tel homme et tel homme, presque tous succombent aux épreuves de la vie.

« L'heure approche, j'ai un peu de fièvre, mes

joues sont roses, mes yeux fatigués et rouges. Mon miroir me montre toutes ces choses-là. Avant de te dire adieu, je ne veux pas te quitter sans avoir obtenu mon pardon. N'est-ce pas que tu me pardonnes? Mon cher Michel, comme je ne veux pas disparaître de ce monde sans avoir la visite d'un ami, j'exige de ton amitié que tu fasses poser sur ma tombe une croix de bois qui rappellera mes nom, prénoms et mon âge. Je te charge encore de fournir la bière qui doit renfermer ma dépouille mortelle. Puis, avant de quitter Paris, tu rendras une dernière visite à ton vieil ami. Adieu, mon bon Michel, pardon encore une fois. Tiens, je m'aperçois qu'en ce moment des larmes coulent de mes yeux. Est-ce la vie que je regrette? Est-ce toi? Oh! oui, c'est toi, car il n'y a que toi qui aies pu me plaindre et qui m'as un peu aimé! Adieu donc pour toujours. Mes amitiés au brave commandant.

« Ton ami,

« Robert Duclos. »

Cette lettre me jeta dans une extrême tristesse. Un moment j'en éprouvai de l'effroi, comme si j'étais la cause de la mort de Robert. Le mépris que m'avait inspiré sa conduite s'était évanoui; il me semblait que la mort l'avait purifié. Je ne me rappelai plus que son esprit, sa gaieté, son insouciante philosophie et le charme de ses entretiens. Je me rendis à la Morgue. Il y avait beaucoup de morts étendus sur les dalles : des suicidés par les armes, des asphyxiés par le charbon, des noyés. Chacun avait son vêtement suspendu au-dessus de sa tête. Je reconnus Robert Duclos. On aurait dit qu'il souriait encore : la mort n'avait pas pu éteindre cette indifférence de son âme. Je prévins le gardien que j'étais l'ami de tel mort, que je venais pour lui rendre les derniers devoirs et remplir les formalités d'usage. A la Morgue, on vous rend les morts promptement. Le procès-verbal fait et signé, la bière apportée, à l'heure indiquée par le règlement, Robert fut conduit au cimetière Montmartre. Je payai la dépense et fis déposer immédiatement la croix de bois.

Cette mort produisit dans mon âme un grand découragement. Dans la vie, les événements apportent avec eux des enseignements bien plus énergiques que toutes les réflexions qu'on peut faire.

CHAPITRE XXXIV.

CENT MILLE FRANCS DE DOT.

Il me fallut cinq ou six jours pour me remettre de l'ébranlement causé par la mort violente de Robert Duclos. A Paris, la vie est si remplie, les événements se succèdent avec une telle rapidité, ils nous préoccupent si vivement, on sent si bien qu'on est dans cette grande ville pour son compte et non pour celui des autres, que les pertes du cœur s'y effacent promptement.

Un matin, je reçus un billet très-affectueux de madame la comtesse de Beauverger. Elle me priait de me rendre auprès d'elle à une heure; elle avait à m'entretenir d'une affaire intéressante. A l'heure indiquée, j'étais chez elle. Elle me fit entrer dans son boudoir, m'indiqua une place sur un soyeux divan, et me parla ainsi : — Monsieur de Montagny, voulez-vous me permettre de vous faire quelques questions?

N'y voyez aucun motif de curiosité; il s'agit d'une affaire sérieuse. — Parlez, madame, je répondrai avec la plus grande franchise. — Vous êtes né à Paris? — Non, madame; je suis né à Montargis. — Quelle est la profession qu'exerce monsieur votre père? — Madame, mon père n'exerce aucune profession. Il a été pendant de longues années fermier des hospices et propriétaire de l'hôtel de la *Croix-d'Or* à Montargis; il a cédé la ferme et l'hôtel, et aujourd'hui il vit du produit de cette cession. — En sorte que sa position de fortune lui permet de vivre honorablement? — C'est le plus simple des hommes; son revenu suffit au delà de ses besoins. — Et vous, monsieur, quelle est votre position? — Madame, la question est un peu plus embarrassante : je n'ai pas de profession, surnuméraire d'une place quelconque; cependant je possède du chef de ma mère une ferme enclavée dans les propriétés de M. de Cottigny. Son revenu ne suffisant pas à mes besoins, mon père et ma tante fournissent le surplus de mes dépenses. — Vous avez reçu une bonne éducation? — L'éducation que reçoivent tous les jeunes gens; seulement M. le curé de Montargis m'avait pris en affection; il a développé mon intelligence, et m'a inspiré cet amour des arts et de la littérature; amour très-malheureux sans doute, puisqu'il me donne une profonde aversion pour retourner dans ma ville natale. — Vous avez raison; Paris est la ville des hommes qui comprennent la vie. Pendant le court séjour que vous avez fait à Paris, vous êtes devenu un homme de bonne compagnie. — A votre école, madame, et dans vos salons. — Tenez, monsieur de Montagny, franchement vous m'inspirez beaucoup d'intérêt. Je veux vous marier.

A ces paroles, quoique doué de beaucoup de sang-froid, je sentis le rouge me monter au visage. — En vérité, madame, je ne m'attendais pas à cette proposition. — Elle vous contrarie? — Non pas; mais vous comprenez, c'est la première fois de ma vie que j'entends prononcer des paroles de mariage. Pourquoi donc ne me marierais-je pas, si une dot raisonnable, réunie à la fortune qui doit m'appartenir un jour, me permet de vivre honorablement? — C'est bien ainsi que je l'entends, me répondit madame de Beauverger. Je pouvais supposer que vous ressembleriez à ces jeunes gens de province, qui débutent dans le monde avec une fortune médiocre, et qui ont la prétention d'épouser des héritières. Non; le mariage que je vous propose est un mariage de raison : bonne famille, moralité et cent mille francs de dot.

A ces mots, malgré moi, je saisis la main de madame de Beauverger et la pressai avec l'expression de la plus profonde gratitude.

— La mère de la jeune personne, continua-t-elle, est d'une noblesse de robe; son père était président d'une cour royale ; il y a six ans qu'il mourut. La mère est très-fière du nom qu'elle porte, très-sévère dans ses mœurs et d'une haute dévotion. Voyez-vous, j'aime mieux de suite vous montrer les choses telles qu'elles sont, pour que vous sachiez bien quelle alliance vous pouvez contracter. — Mais, madame, ma naissance et ma fortune ne me permettent pas d'espérer un aussi beau mariage. Mon père était maître d'hôtel, simple fermier ; je n'ai pas de profession ; vos bontés seules peuvent me donner un peu de valeur. — Comment donc, dit madame de Beauverger, vous êtes un jeune homme de bonne tenue et d'une brillante éducation. Votre famille habite Montargis ; on ne l'épouse pas. Ah ! j'oubliais de vous parler de la jeune personne ; elle est grande, blonde, taille ravissante ; elle n'est ni laide ni jolie, mais elle a des qualités solides, de l'instruction, l'amour des arts et un excellent caractère. Voilà, monsieur, la vérité sur la jeune personne et sur la mère. Madame de Chabannes possède une maison rue Blanche, d'un revenu de six mille francs ; elle la donne en dot à sa fille. Permettez-moi d'ajouter quelques franches paroles. Je suis un peu parente de madame de Chabannes ; je verrai ce mariage avec plaisir, et si vous devenez mon parent, je suppose que le désœuvrement n'est pas dans vos goûts, je prends l'engagement formel de vous faire obtenir un emploi lucratif au ministère des finances. Voilà ce que je voulais vous dire ; réfléchissez à toutes ces propositions : confiance, moralité, fortune. Peut-être n'est-elle pas belle ; mais, mon cher monsieur de Montagny, la beauté n'est pas une condition essentielle pour être heureux en mariage. — Madame, vos paroles m'enivrent de bonheur ; ma reconnaissance sera éternelle. — En attendant, ajouta-t-elle en souriant, faites-moi l'honneur de venir dîner demain à six heures ; madame et mademoiselle de Chabannes s'y trouveront. Cette entrevue est indispensable avant d'aller plus avant. Ainsi à demain, mon cher monsieur de Montagny, et peut-être bientôt mon cousin.

On comprend quelles impressions produisirent sur moi ces ravissantes paroles. Cent mille francs de dot ! noblesse de robe ! emploi au ministère des finances ! cousin de madame la comtesse de Beauverger ! Ah çà ! qu'ai-je donc fait pour mériter cette fortune inespérée ? Ce n'est qu'à Paris que ces rêves dorés de la vie peuvent se réaliser. Soyons habile ; certes, l'occasion est belle ; je ne renouvellerai pas la faute que j'ai commise avec madame de Villars.

A six heures, je me présentai chez madame de Beauverger. Madame de Chabannes et sa fille, un vieux monsieur décoré étaient les seuls convives. Dans ces sortes d'entrevues, on est presque toujours mal à son aise. On s'observe ; mais Paris a ce privilége d'éteindre la timidité ; on y est osé de suite. Sans avoir ce qu'on appelle de l'aplomb, je fus très-naturel avec ces dames. Madame de Chabannes me parut préoccupée ; elle m'examina avec certaine attention ; la conversation était difficile avec elle. Mademoiselle Sophie de Chabannes parut très-réservée ; l'esprit de madame de Beauverger suppléait à tout. Elle fut gracieuse, spirituelle, bonne ; elle prononça quelques paroles bien senties sur la famille et le bonheur de la vie intime.

Après le dîner, on mit les chevaux à la voiture et nous partîmes pour le bois de Boulogne. Grâce à l'esprit du monde que possédait madame de Beauverger, cette promenade fut charmante. Mademoiselle Sophie était placée près de moi, sur le devant de la voiture. La dernière exposition durait encore. La conversation s'engagea sur quelques tableaux dont le monde artistique s'occupait beaucoup. Elle en parla en artiste ; elle en fit une appréciation sérieuse, éclairée, qui décelait un grand esprit d'observation et l'amour des arts. J'en éprouvais une véritable surprise. Je lui demandai si elle s'occupait de peinture. — Non, me dit-elle ; j'observe et j'apprécie.

En quittant ces dames, madame de Beauverger me dit : — A demain, huit heures du soir. Le lendemain à l'heure indiquée, j'étais chez elle. Nous fûmes au bois ; pendant huit jours, je passais ainsi la soirée. Au retour du bois, nous allions chez Tortoni prendre des glaces. Le huitième jour, madame de Chabannes m'invita à dîner. Son appartement était vaste, mais singulièrement meublé : des meubles riches semblaient annoncer une grandeur passée; d'autres meubles étaient dans un délabrement complet; des rideaux usés et noircis de vétusté. Je reconnus le domestique; c'était un des maîtres d'hôtel qui avaient tenu le buffet dans un grand bal donné par madame de Beauverger. Cet inventaire du mobilier et de la résidence de madame de Chabannes se faisait presque à mon insu; c'est en quelque sorte une habitude qui m'est familière : sans avoir l'air de voir les choses, le défaut d'harmonie me frappe toujours.

Le samedi, madame de Beauverger fit pour moi la demande de la main de mademoiselle Sophie de Chabannes. La mère donna son consentement; il ne restait plus que les formalités à remplir. J'annonçai que j'allais écrire à mon père pour lui demander son autorisation; je devais recevoir la réponse par le retour du courrier.

Cette semaine s'était écoulée si promptement que je n'avais pas eu le temps d'aller prévenir le commandant de mon bonheur. Le matin à déjeuner, je lui fis part de mon mariage; je lui racontai les détails de cette affaire, je lui nommai ma future, sa dot, l'honorabilité de sa famille. Le commandant me regarda en souriant : — Vous allez être victime d'une intrigue quelconque, me dit-il. Comment, vous sans état, sans famille, le fils d'un maître d'hôtel de Montargis, vous épouseriez une demoiselle noble et cent mille francs de dot? Je ne nie pas que vous n'ayez une éducation au-dessus de votre position, et même la tenue d'un gentilhomme, mais, mon cher, les dots de cent mille francs et une jeune fille noble ne s'accordent guère dans les huit jours sans qu'il y ait de graves motifs pour hâter ainsi le mariage.

Je lui expliquai que madame de Beauverger m'accordait une protection particulière, qu'elle était d'une famille honorable, et enfin une grande dame.
— Raison de plus, mon cher; vous ne connaissez pas ces grandes dames, elles ont une moralité à leur usage; c'est le sublime de la perfidie, dès qu'il s'agit de sacrifier un pauvre provincial pour marier une jeune personne qu'elles protègent. Allons, rendez-vous justice, vous avez de jolies moustaches, des cheveux bien plantés, un habit bien fait, cela ne suffit pas pour épouser une dot de cent mille francs. Pendant que le commandant cherchait à m'expliquer le danger de ces sortes d'unions, le domestique me remit une lettre parvenue par la poste; elle était ainsi conçue :

« Mon cher ami,

« J'apprends que tu vas devenir l'heureux époux

de mademoiselle Sophie de Chabannes. Cette jeune personne a l'intelligence très-développée; elle a fait un voyage l'an passé sans la permission de sa mère, avec un jeune peintre qui a achevé son éducation; elle est si bien achevée que son mari n'aura rien à lui apprendre. On dit que sa mère lui donne pour dot une maison située rue Blanche. Cette maison, d'un produit de six mille francs de revenu, est grevée de plusieurs hypothèques s'élevant de cent à cent vingt mille francs. En sorte que, au lieu d'être créancier, on devient débiteur. Je t'avertis de cette situation, si bien connue, que tu es le trois ou quatrième futur passé par les mains de madame la comtesse de Beauverger, sa parente. Sois innocent, mais réfléchis pourtant au danger d'épouser la maîtresse d'un peintre et une maison criblée de dettes.

« Adieu, tout à toi.

« A. B. C. »

Cette lettre me jeta dans un trouble extraordinaire; je la montrai au commandant. — Quand je vous disais, s'écria-t-il, qu'il y avait une trahison là-dessous! Ne me parlez pas de la probité des grandes dames de Paris. Malgré le peu de confiance que pouvait inspirer une lettre anonyme, celle-ci m'ouvrit les yeux; je résolus de m'en expliquer dans la journée même avec madame de Chabannes.

A quatre heures de l'après-midi, je me présentai chez elle. Je fus introduit dans son salon. Madame de Chabannes ne tarda pas à paraître. A toutes les paroles que je lui adressais avant de lui montrer ma terrible lettre, elle me répondait : oui, non. Tout à coup, elle prit un air dédaigneux. J'ai une confidence bien grave à vous faire, me dit-elle ; tenez, monsieur, lisez cette lettre.

Je lus :

« Ma chère madame de Chabannes,

« On vient de m'annoncer que mademoiselle Sophie de Chabannes, votre fille, va épouser M. Michel Montagny, ancien traiteur, pâtissier et rôtisseur à Montargis. Je n'ai aucun mal à dire de la naissance ni de la profession, c'est un état fort agréable que celui de pâtissier ; d'ailleurs, si M. Montagny a porté le tablier, la veste et la casquette blanches, aujourd'hui il porte très-bien l'habit noir. Mais ce qu'il n'est pas permis d'oublier, c'est que M. Montagny est criblé de dettes ; qu'il est sorti de la prison de Clichy il y a un mois, et qu'il a pour maîtresse mademoiselle Florine, des Variétés. Elle achève sa ruine. Chère madame, le profond intérêt que je vous porte m'a décidé à vous avertir du péril où vous allez vous mettre en accordant votre fille à un tel mari.

« L'un de vos amis, qui ne vous demande aucune reconnaissance.

« Tout à vous.

« A. B. C. »

Après la lecture de cette lettre, madame de Chabannes se dressa de toute sa hauteur. — Eh bien! monsieur, s'écria-t-elle, répondez franchement! Le contenu de cette lettre est-il vrai? — Oui, madame, répondis-je d'un ton solennel. — Vous êtes pâtissier à Montargis? — Oui, madame. — Vous sortez de la maison d'arrêt de Clichy? — Oui, madame. — Vous avez une maîtresse nommée mademoiselle Florine? — Non, cela n'a pas dépendu de moi. — Et vous osez l'avouer? — Pardon, madame, permettez-moi à mon tour de vous faire part d'une lettre que j'ai reçue ce matin. Je lui remis la lettre. Elle fit de vains efforts pour dominer son émotion; elle devint très-pâle. — C'est une horreur! s'écria-t-elle. — Eh bien! madame, ce que renferme cette lettre est-il vrai? — Non! monsieur; c'est un affreuse calomnie. — Permettez, je ne soupçonne pas la vertu de mademoiselle Sophie, mais il est plus facile de s'assurer si la maison est pure d'hypothèques. — C'est inutile, monsieur, tout est rompu entre nous. Vous m'obligeriez de me laisser seule. — Je me retire...

Adieu, madame, obligez-moi d'adresser mes compliments à madame de Beauverger.

Je la saluai profondément, elle me salua de même.

Mon second mariage était manqué.

CHAPITRE XXXV.

UN CŒUR POUR TROIS AMOURS.

Comment conserver à Paris la bonté et la pureté de son cœur? J'arrive dans cette vaste cité avec mes idées provinciales, je parcours toute l'échelle des amours, depuis la modiste de la rue de Richelieu jusqu'à madame de Néris, depuis la romanesque Sidonie jusqu'à l'inconstante Florine, je ne tarde pas à m'apercevoir que, dans cette civilisation avancée des boudoirs, il n'y a pas d'amour, mais des déceptions, des trahisons et de la perfidie, et qu'aucune de ces femmes n'a répondu à mes bons et francs sentiments.

Dès qu'on a vu clair dans ce monde-là, il est impossible de ne pas se dire : Tu vas être trompé, si tu descends dans l'arène à découvert, tandis que les autres sont armés de toutes pièces. Il faut se servir des mêmes armes que tes adversaires. C'est ainsi qu'un cœur neuf et pur se transforme et devient aussi perfide que les autres. Cependant dans cette galerie de femmes, deux figures se détachent pures et touchantes; l'une au bas de l'échelle sociale, l'autre dans un rang élevé : Marguerite et Clémence. Marguerite possédait une pureté de cœur et un dévouement sans bornes. Clémence possédait à son tour les plus brillantes qualités, tempérées par la fierté et cette susceptibilité orgueilleuse, provenant de sa position personnelle, qui l'avait fait naître dans une classe élevée, puis descendre dans une position infime et remonter ensuite à son rang. Malgré l'humiliation qu'elle m'avait fait supporter, je ne pouvais pas m'empêcher de rendre hommage à ses nobles vertus. Mais elle était perdue pour moi sans retour.

En me plaçant à la table d'hôte, j'aperçus sous mon couvert une lettre. Elle était de madame de Néris; elle m'adressait un billet d'entrée pour le bal donné au Jardin-d'Hiver, au profit des pauvres du huitième arrondissement. Dame patronnesse de la fête :

« J'espère que vous viendrez ce soir, m'écrivait-elle. J'ai été très-heureuse dans le placement de mes billets, ce qui ne m'a pas empêchée de vous donner l'occasion de faire une bonne action et de prendre du plaisir. »

Le soir, je me rendis à la fête du Jardin-d'Hiver. A l'entrée, deux dames très-élégantes tenaient à la main des bourses en velours cramoisi à franges d'or; la première de ces dames était dans un costume de bal, elle avait jeté sur ses épaules un burnous doublé de satin blanc. Je la reconnus, c'était madame Clémence de la Vallée. Sa vue me fit une vive impression. Je pris une pièce d'or et la déposai dans la bourse. Ordinairement, à la vue des pièces d'or, les dames patronnesses, par un mouvement de tête, vous remercient de votre offrande. Clémence resta froide, impassible. Je disparus, sans avoir obtenu même ce que, dans un premier mouvement, on a de la peine à ne pas prononcer : — Merci, monsieur. Chez les femmes, les blessures du cœur sont mortelles.

J'entrai dans la salle. Paris tout entier, le Paris élégant, assistait à ce bal : femmes de finance, du faubourg Saint-Germain, bourgeoises de qualité, petites bourgeoises, actrices, s'étaient donné rendez-vous pour cette bonne œuvre. Les fleurs, les arbustes, les eaux jaillissantes, offraient un coup d'œil ravissant. J'aperçus madame de Néris au milieu des dames patronnesses; elle me produisit un peu l'effet de Calypso au milieu de ses nymphes. Je fus lui présenter mes hommages. Sa toilette était irréprochable; c'était une résurrection, une beauté peinte; à distance, elle produisait un effet prodigieux ; mais de près, et pour des yeux exercés, le charme s'évanouissait. Quels avantages une femme de goût obtient de l'art de la toilette! malheureusement c'est l'éclat et la durée d'une rose, une beauté sans lendemain.

Je lui offris mon bras, je parcourus avec elle toute l'étendue de la salle, je lui prodiguai l'expression de mon admiration et de ma reconnaissance. — Je vous en veux toujours, me dit-elle; vous n'êtes aimable qu'au bal. Sans reproche, vingt jours se sont écoulés, et vous n'êtes pas venu me voir. — Sans vous rappeler, lui dis-je, qu'à votre dernière réception vous m'avez peu encouragé, j'ai aussi à vous dire que madame de Villars m'a bien plus mal reçu encore. — Vous êtes donc allé chez les dames de Villars? — Sans doute. — Mon ami, cela n'est pas pardonnable. Comment! après avoir repoussé avec une sorte de brutalité la main de mademoiselle Clémence quand elle était sans fortune, vous allez la voir quand elle rentre dans son rang et son opulence. Que de sottises la vanité fait faire aux hommes! Comment, après avoir commis l'impertinence la plus injurieuse, vous avez l'assurance de vous présenter chez elle! c'était leur dire : Pauvres, je vous ai méprisées; riches, je vous rends mon estime; c'était de la dernière inconvenance. On vous a humilié, c'est bien fait, je vous l'avais prédit. Ce qui vous manque essentiellement, c'est l'esprit de conduite; et sans cet esprit, rappelez-vous, mon ami, qu'on n'arrive à rien, qu'on fait fausse route.

Pendant que l'orchestre jouait les mélancoliques mélodies d'une marzurka, elle ajouta, en s'appuyant sur mon bras : — Votre jeunesse dure toujours, vous êtes encore dans les jardins d'Armide, et vous devriez être sous les murs de la ville sainte. — Que voulez-vous dire? — Mon ami, vous n'êtes pas un homme sérieux. Votre jeunesse ne finira pas.

En ce moment, je me trouvai assailli par une nouvelle émotion. Je me trouvai tout à coup vis-à-vis Sidonie Leroux, la femme du sergent-major de Vincennes. Cette apparition me fit tressaillir. Madame de Néris s'en aperçut. — Elle est ici, me dit-elle. — Qui? — Madame de la Vallée; elle vient d'être remplacée comme quêteuse; elle est entrée dans le bal; vous l'avez aperçue, et vous avez tressailli.

On vint réclamer madame de Néris pour recevoir le prince Napoléon. Il entra, entouré de quelques officiers. Il offrit le bras à la présidente des dames patronnesses, fit le tour de la salle, en saluant quelques dames; il causa ensuite avec un général, et partit.

Après son départ, je me rapprochai de Sidonie Leroux; nos regards s'étaient rencontrés; ils me parurent bienveillants, rien n'indiquait qu'elle voulût se mettre avec moi sur un pied d'hostilité. J'examinai ensuite si, dans la foule, je n'apercevrais pas le redoutable sergent-major ; je ne le vis pas ; la crainte seule pouvait me faire supposer sa présence. Je fus à elle, et lui demandai la permission de danser un quadrille ; elle accepta très-gracieusement. J'avais offensé Sidonie ; mais au fond je lui avais rendu un grand service ; elle me devait la vie. Je l'avais noyée pour la ressusciter. Elle fut charmante. J'éprouvai une vive curiosité de savoir si elle était heureuse. — Non, me dit-elle. — Pourquoi ? — On ne refait pas les hommes d'un certain âge. Mon mari est un honnête homme, mais grossier et brutal. — Conservez-vous contre moi un ressentiment du passé ? — Aucun, je vous assure. — Sans moi, vous ne danseriez pas cette nuit au bal du Jardin-d'Hiver. — Je n'en éprouve aucune reconnaissance. Mais laissons, je vous prie, ces souvenirs dans l'oubli. — Et si je vous aimais toujours, lui dis-je en l'accompagnant à sa place, et en caressant son bras appuyé sur le mien. — Je vous répondrais que, pour rien au monde, je ne trahirais mes devoirs. — Que puis-je donc espérer de vous ? — La première valse. Je la saluai et lui dis : — J'accepte avec bonheur.

Le désir de revoir Clémente me ramena vers l'entrée de la salle ; elle n'y était plus. Chaque dame patronnesse a une heure de faction ; elle est ensuite remplacée comme le factionnaire, avec le mot d'ordre obligé, chercher à remplir sa bourse. En passant la revue de ces lignes entières de jolies femmes, j'aperçus un autre amour, mademoiselle Florine, assise à côté de mademoiselle Ozy, dans l'une des plus brillantes toilettes de bal. Je l'invitai pour un quadrille. Elle me dit : — Tu es charmant ce soir ; ta toilette est d'un très-bon goût ; je te pardonne, et tu m'accompagneras chez moi. — Mon ange, répondis-je, il est trop tard. J'ai jeté notre anneau d'alliance : amis, avec bonheur ; amants, jamais !

L'actrice ne s'attendait pas à cette réponse, elle chargea ses yeux d'une double électricité, et, me regardant avec un sourire angélique : — Tu refuses? me dit-elle. — Oui! Alors elle passa sa main sous mon bras, et me pinça avec cruauté. Le respect du monde me fit étouffer un cri de douleur. Elle continua de sourire et me dit : — Nous nous reverrons tout à l'heure.

Quelle nuit délirante que celle de ce bal! J'allai de madame de Néris à Sidonie, de Sidonie à Florine. Dans ma vanité provinciale, je me comparais à don Juan, à Lauzun ; la vanité est si ingénieuse à se flatter ! D'où me venait cet orgueil? de l'amour d'une vieille coquette, de quelques paroles sentimentales d'une petite bourgeoise et d'un caprice d'actrice. Je laissais dans l'ombre l'humiliation que m'avait fait éprouver la belle Clémence.

En ce moment, l'orchestre préludait une valse ravissante. J'avais invité Sidonie. Tout à coup la foule des valseurs devint si compacte que je fus forcé de m'arrêter; bien malgré moi, j'étais serré contre une dame; je froissais sa toilette, elle se retourna en même temps que moi : c'était Clémence. — Prenez donc garde, monsieur, me dit-elle. Heureux d'avoir senti si près de moi cette femme si fière, si dédaigneuse, j'oubliai les égards que je devais à madame de Néris, les espérances que pouvait me donner Sidonie, le regard si plein d'amour de Florine; je courus sur les traces de Clémence, elle avait disparu. Il me fut impossible de la retrouver.

En ce moment, un monsieur s'approcha de moi d'un air grave et froid : — Monsieur, me dit-il, j'appartiens au ministère de la police; depuis deux jours, on a pris des informations sur vous, elles ont été honorables. Mais vous avez fait une apparition dans une société secrète. La plupart des membres qui la composent sont aujourd'hui sous la main de la justice. Il ne vous sera fait aucun mal; cependant croyez-moi, dans vos intérêts quittez Paris pour deux ou trois mois, ce sera très-prudent. Je vous en avertis officieusement. Il me salua et partit.

Combien l'homme est une nature frêle et délicate, et que Pascal a raison de dire qu'un grain de sable peut l'abattre ! Ces paroles me rendirent inquiet, rêveur; cette âme glorieuse, fière, joyeuse, se comparant à Lauzun et à don Juan, un mot avait fait envoler son bonheur. Je quittai le bal sans dire adieu à mes amours. Pour le moment, la pensée dominante était la nécessité de partir et d'obéir à ce monsieur, froid et poli, qui m'avait honnêtement prévenu des dangers de mon simple contact avec les hommes impurs de la rue de Charonne.

CHAPITRE XXXVI.

LE CHEVEU BLANC.

Le retour du bal est toujours triste. Les idées du retour ne sont pas celles du départ. Les paroles sévères du monsieur en habit noir, employé supérieur au ministère de la police, avaient fait envoler la joie de mes conquêtes. — Il m'a traité, me disais-je, comme le journal *le Constitutionnel* ou *la Presse*. C'est un premier avertissement. Beaucoup d'honneur, en vérité, mais que peut-il m'arriver? J'ai assisté à une séance de la société secrète des Amis de la Vérité; certes, je leur ai dit d'assez dures vérités. Mes principes sont connus. La liberté me fait peur. Depuis trente ans qu'elle a mis ses coudes sur la tribune, qu'elle fait des discours, elle a donné la mesure de son impuissance et de ses dangers; c'est une divinité qui fait mourir de faim ses adeptes, ou plutôt, c'est un instrument dont se servent des ambitieux pour obtenir des places et des honneurs. Je ne suis ni Grec, ni Romain, je suis un provincial, fils de propriétaire, et n'ai aucun intérêt à troubler la paix publique.

Tout en faisant ces réflexions, j'arrivai à l'hôtel; dès que je fus dans ma chambre, je déposai mon habit noir, mon manteau, et mes gants blancs sur mon divan. Je m'enveloppai dans ma robe de chambre, étendu dans mon fauteuil, en fumant un excellent cigare. Je me mis à continuer mes réflexions : —
— Mon cher, me disais-je, c'est pourtant un conseil très-sage que m'a donné cet homme. Ne serait-il pas plus raisonnable de retourner à Montargis, que de m'exposer à être arrêté une seconde fois? Qu'ai-je fait depuis mon arrivée à Paris? des dettes, et des maîtresses qui se moquent de moi! J'ai changé mon paletot de province contre un habit noir, mon langage grossier contre une conversation polie; où tout cela me mène-t-il? Il est vrai que j'ai pour protectrice la spirituelle madame de Néris, mais à quel prix? et où me conduit cette liaison? J'ai déjà mis le pied dans une prison, je suis exposé à être arrêté une seconde fois. Mon existence à Montargis ne serait-elle pas plus heureuse? Retournons à Montargis! Eh! mon cher, est-ce que le mal n'intervient pas dans toutes les situations de la vie? A Montargis il interviendra sous une autre forme. Abandonner

Paris, quand j'ai trois amours sous la main ; quand il me sera peut être possible de faire la paix avec Clémence! D'ailleurs, madame de Néris me fera obtenir une place ; l'échelle des femmes est un moyen comme un autre ; pourquoi ne m'en servirais-je pas? On me tend la main, je serais bien sot de la repousser. La vie de province est si triste! mieux valent encore les émotions douloureuses de Paris que les tristes joies de la province.

Ce petit colloque terminé, mon cigare éteint, je me levai, et, comme les jeunes gens qui ont des prétentions, je me regardai dans la glace. J'arrangeai mes cheveux, je les relevai avec grâce, j'en gonflai les touffes de côté, en me donnant des airs de marquis d'autrefois. Je me disais avec beaucoup de fatuité : Cette excellente madame de Néris, elle ne manque pas d'une certaine impertinence ; choisir un amoureux aussi joli garçon, cheveux noirs bien plantés, des yeux noirs, le teint légèrement hâlé des hommes qui ont vécu dans les camps. Pendant que je m'extasiais ainsi sur les charmes de ma personne, je fis la remarque que j'étais très-pâle, que mes yeux étaient entourés d'un cercle noir, comme la dame aux camélias ; je m'écriai : Je suis bien pâle aujourd'hui ! En m'examinant de plus près, j'aperçus de petites rides naissantes dont les lignes se perdaient sous les cheveux. Est-ce que déjà la patte d'oie apparaîtrait? Impossible : ce sont les

17

suites du bal et de mon arrestation, une nuit sans sommeil... La première apparition de ces petites lignes si faiblement tracées me rendit tout pensif. Déjà vieux et à peine vingt-cinq ans. En vérité, la nature est une marâtre; elle nous entraîne au mal par les plus douces pentes, si l'homme écoute ses sens, elle l'en punit avec une excessive sévérité. D'une main elle verse l'ambroisie dans la coupe des Amours, et de l'autre elle nous dégrade par une vieillesse précoce. Je me livrais à ces douloureuses réflexions, lorsque tout à coup j'aperçus un cheveu blanc qui se dressait seul au milieu d'une touffe de cheveux noirs; il se détachait comme un fil d'argent. Je parvins à le saisir, je l'arrachai, je pris mon lorgnon, je l'examinai; c'était bien un cheveu blanc, le cheveu blanc que l'on nomme la marguerite du cimetière. L'impression qu'il me fit éprouver fut si forte, que je tombai dans mon fauteuil, la tête penchée sur ma poitrine; j'en fus abattu jusqu'aux larmes.

— Un cheveu blanc! un cheveu blanc! me disais-je, cet avant-coureur de l'âge mûr et de la vieillesse. C'est un avertissement du ciel; il faut quitter Paris.

Je me levai et me promenai avec agitation dans ma chambre, les bras croisés sur ma poitrine.

— Oui, je dois partir. Maudite ville où la vie

m'avait paru bonne, facile, heureuse; elle ne m'offre plus que des déceptions; je lui dis adieu. Alors, m'armant d'un grand courage, je m'écriai comme Coriolan : Adieu, Rome, je pars !

CHAPITRE XXXVII.

LA BUTTE MONTMARTRE. — RETOUR A MONTARGIS.

Si l'on savait tout ce qu'il y a de puéril dans les motifs qui font agir les hommes, quelles petites causes produisent souvent de grands effets, on prendrait l'humanité en pitié. Trahisons, pertes d'argent, pertes de mes illusions, de ma liberté, déceptions, duel, poursuites judiciaires, prières de mon père, larmes de ma tante, rien n'avait pu me déterminer à retourner à Montargis; un cheveu, un simple cheveu blanc avait complétement changé mes idées.

Le matin, je me levai de bonne heure. Ma première pensée fut celle du retour et mes adieux à Paris. En jetant les yeux sur ma défroque provinciale suspendue à mon porte-manteau, je me mis à sourire : c'était le sourire d'un enfant qui rit les yeux pleins de larmes. Pour m'affermir dans ma

bonne résolution, je fus trouver le commandant.
— Mon cher commandant, lui dis-je, je viens vous faire mes adieux ; ce soir, je pars pour Montargis.
— Bien décidé? s'écria M. de Saint-Lambert. — C'est irrévocable. Voulez-vous m'accompagner au cimetière de Montmartre? je vais faire une dernière visite à Robert; je lui en fis la promesse. Pauvres morts! on les oublie si vite. — Va pour la visite au mort, me répondit-il.

Arrivés au cimetière, nous cherchâmes la tombe de Robert, la croix de bois, les lettres blanches indiquant son nom et son âge : les croix poussent si vite dans les cimetières de grandes villes, qu'on s'égare et qu'il est difficile de retrouver les morts qu'on cherche. Enfin j'aperçus, sur un tronçon de colonne, le nom de Robert Duclos; ce nom était surmonté d'un niveau; au bas, on lisait : SES AMIS. La tombe était entourée d'une grille en bois. Je ne pouvais pas m'expliquer comment Robert, abandonné de tous pendant sa vie, avait trouvé des amis après sa mort. — Je suppose, me dit le commandant, que ce sont les frères et amis d'une société secrète qui se seront cotisés pour lui élever ce petit monument. — Cette fraternité qui survit à la mort m'étonne toujours, lui dis-je. J'aurais pu mourir; vous excepté, personne n'aurait suivi mes dépouilles mortelles; et cependant je suis du parti des honnêtes gens. Je déposai une couronne sur la colonne brisée, je murmurai quelques paroles d'adieu et je partis.

En descendant la rue du cimetière qui conduit aux boulevards extérieurs, je vis à droite et à gauche des corbillards dont les conducteurs se rafraîchissaient gaiement chez les marchands de vins. La vue de ces tristes corbillards et de ces hommes dont les figures sont si étrangement en harmonie avec les fonctions qu'ils remplissent, me fit faire de douloureuses réflexions. — Eh bien ! dis-je à M. de Saint-Lambert, voilà le résumé de la vie, un corbillard, une fosse, des ténèbres, de la terre qui vous dérobe pour toujours aux regards des mortels, puis l'herbe qui envahit votre tombe et semble dire à ceux qui restent debout : Oublie, oublie. — Oh ! dit le commandant, la nature a été prévoyante ; elle savait bien que nous laisserions des pertes cruelles sur la route ; aussi nous a-t-elle organisés pour l'oubli.

Nous nous dirigeâmes vers la butte Montmartre. Arrivés au sommet de la montagne, nous aperçûmes un modeste café et sa tente de coutil bleu. Elle nous offrait un abri, des tables vides et une vue très-étendue. — Si nous buvions une bouteille de bière sous cette tente, dis-je au commandant. — Volontiers. — Garçon, de la bière, des cigares ! Après avoir bu le premier verre de bière et allumé nos cigares : — Je crois, dis-je à M. de Saint-Lambert, que les Romains savaient mieux mourir que nous ; Brutus,

Caton, Sénèque, Thraséas nous ont légué de belles morts. Les Romains dans leurs festins se couronnaient de roses : images qui rappelaient que la vie fuyait aussi rapidement que la fraîcheur de la fleur. Ils ont représenté la Mort comme un génie triste et immobile, tenant un flambeau renversé. Ce peuple n'élevait aucun temple à la mort : il avait raison ; la mort est aveugle et impitoyable, insensible à la prière ; quand l'heure est venue, il faut que l'homme meure ; c'est l'impitoyable nécessité de la destinée.
— Bah ! fit le commandant, la mort ne creuse pas une tombe sans fond. Dieu est juste ; la mort n'est pas le dernier mot de la vie. Il me reste peu d'années à passer dans ce monde ; les infirmités que je prévois, les souffrances, les inquiétudes morales, les ennuis qui m'attendent ; en vérité, je voudrais pouvoir déchirer le rideau qui nous sépare de l'autre monde, et savoir quelle destinée nouvelle nous attend... Je l'espère, elle sera plus heureuse que celle que Dieu nous a donnée dans celui-ci. La vie, la vie, ajouta le commandant, tenez, voyez cet horizon immense de toits surmontés de dômes et de clochers, vous pouvez répéter ce que disait un sage à la vue d'Athènes : « Tout cela n'est qu'un grand et riche hôpital rempli d'autant de misérables que cette ville contient d'habitants. » — Il me semble, répondis-je en souriant, que notre visite au cimetière a singulièrement rembruni nos idées. — Mon cher,

c'est votre bouteille de bière. A quoi pensez-vous donc de me faire boire cette eau de puits? Vidons une bouteille d'un vieux bourgogne; cela rendra nos idées plus gaies. — Va pour le vieux bourgogne. — Messieurs, nous dit le garçon, pour deux francs, j'ai un beaune parfait. — Apporte le beaune parfait.

A peine avions-nous bu deux verres de ce vin généreux que déjà la gaieté avait reparu. — Ce vin-là me donne de singulières idées! m'écriai-je. — Et quelles idées? — Paris, il y a un instant à peine, Paris me paraissait, comme vous le disiez, un vaste hôpital; à présent, j'éprouve un vif désir d'y rester encore. La seule pensée de *la Croix-d'Or*, de la salle à manger remplie de voyageurs bruyants, de domestiques grossiers, la nécessité de me faire le valet de tout ce monde-là m'inspire une répugnance invincible. Oh! pourquoi suis-je venu à Paris?

— Mais que diable regrettez-vous tant à Paris? s'écria le commandant; est-ce votre modiste de la rue Richelieu, qui vous vendait son amour au prix de quinze cents francs? est-ce cette actrice effrontée, que vous nommez Florine, jolie sans doute, donnant son amour à tout le monde, excepté à vous? est-ce votre romanesque Sidonie, qui se dit malheureuse, parce qu'elle a épousé un soldat? est-ce la belle Clémence de la Vallée, aujourd'hui mariée et pour toujours séparée de vous? est-ce votre vieille folle de comtesse de Néris? Mon ami, entre nous, ces amours-là déshonorent un homme. Vous ne voulez pas renouveler le marquis de Moncade?... Toutes ont voulu vous tromper, depuis la modiste jusqu'à la comtesse de Beauverger. Je ne vous rappelle pas votre arrestation pour dettes, le danger d'être arrêté une seconde fois. Mon cher, je vous regretterai, vous êtes un joyeux compagnon, un bon ami ; mais, dans les intérêts de votre liberté, de votre fortune, de votre avenir, retournez à Montargis.

— Hélas ! mon commandant, que vous dirai-je? Parce qu'une maîtresse est infidèle, cesse-t-on de l'aimer? Que m'importe que mes maîtresses me trompent? Est-ce que je mets au jeu des amours, des sentiments plus sincères? Comme elles, je n'y mets que mon égoïsme et mon plaisir. Ce que je regrette de Paris, c'est la vie indépendante et accidentée, les distractions de tous les jours, cette vie de demain qui ne sera pas celle d'aujourd'hui; ce que je regrette, ce sont ces causeries spirituelles, instructives; ces luttes de l'intelligence; cette fantaisie qui s'en va à sa guise, d'une opinion à une autre; cette civilisation avancée; les théâtres, les premières représentations; ces fêtes qui se renouvellent sans cesse; les richesses antiques et modernes de nos musées. Enfin, mon ami, je ressemble à Renaud, qui ne pouvait pas s'arracher des jardins d'Armide. Mais ce que je regrette le plus sincèrement, ce sont vos bons conseils, votre vieille amitié, nos conversations après le dessert de la table d'hôte, les coudes sur la table, causant comme deux philosophes du Portique sur les dieux, l'immortalité de l'âme, les arts, le théâtre ou la poésie.

— Mon cher, répondit le commandant, notre amitié aura un lendemain, j'irai vous voir à Montargis, aux vacances; ce n'est point un adieu éternel; le chemin de fer nous rapproche. C'est parce que je suis votre ami que je vous dis : Partez, retournez à Montargis. Il y a un instant, vous me parliez des jardins d'Armide et du désespoir de Renaud; je me souviens que, dans ma jeunesse, j'ai vu jouer ce magnifique opéra; il y avait une situation saisissante, celle où Renaud, ému de pitié pour sa belle maîtresse, chantait ce récitatif.

Trop malheureuse Armide!...

O mon ami! quelle musique et quels accents! En ce moment Ubalde et le chevalier Dunois l'interrompaient, et chantaient le morceau héroïque :

Votre général vous rappelle...

Ce chant, ces paroles électrisaient mon âme. Ce rôle d'Ubalde, voulant entraîner Renaud, je l'accomplis aujourd'hui auprès de vous; je n'ai pas le bouclier de diamants qu'Ubalde faisait briller aux yeux de Renaud, mais j'ai le langage de la raison, qui vous dit : Partez, vous seriez coupable de rester plus longtemps ; ne désertez pas le foyer de la famille pour courir après des chimères. Mon ami, vous n'êtes plus dans l'âge où l'on pardonne les folies de la jeunesse ; vos dépenses se font aux dépends de votre capital ; et, à ce jeu-là, des fils de famille plus riches que vous se sont ruinés. Mon cher, rien de plus triste au monde qu'un homme ruiné ; croyez-moi, on ne s'en relève pas facilement.

Je baissai tristement la tête.

— Allons, dit le commandant, de l'énergie, du courage ! Croyez-en ma vieille expérience, vous aurez bien vite oublié Paris. — Eh bien, soit ! je partirai ce soir, car si j'ajournais à demain mon départ, je n'en aurais plus le courage. Avant de vous dire adieu, mon commandant, confiez-moi donc votre secret pour conserver la sérénité de votre âme, votre douce philosophie. — Mon cher, répondit M. de Saint-Lambert, j'ai étudié les grandes maximes professées par nos maîtres les philosophes de l'antiquité. J'ai médité sur les préceptes d'Horace : *Aurea mediocritas*, voilà ma devise. J'ai posé des limites à ma faible ambition. Je me suis contenté de mon petit jardin, de ma petite prairie, de la fraîcheur de ses ombrages ; de mon fauteuil et de mon coin de feu en hiver. Je n'ai presque demandé à Dieu que le pain quotidien du *Pater*, sous la forme d'une pension de trois mille francs. J'ai conservé mes vieux amis, mes vieilles habitudes, et les dieux m'ont oublié.

L'église de Montmartre sonnait quatre heures, j'avais ma malle à préparer, mes comptes à régler; quant aux adieux, j'étais résolu à partir sans prendre congé de personne, je redoutais l'influence des conseils. D'ailleurs, ma résolution déchirait à chaque instant le voile de mes illusions. Je ne pouvais laisser un regret ni même un souvenir.

Le commandant m'accompagna à la gare du chemin de fer de Lyon. Je l'embrassai en pleurant, il me serra affectueusement la main, et me dit : Je ne vous oublierai pas, j'irai vous voir. Je quittai le convoi à Fontainebleau pour prendre la diligence, dont mon père était le correspondant.

Enfoncé dans l'un des coins de la voiture, je me livrai à toute la tristesse d'une âme brisée. Je n'adressai pas une parole à mes compagnons de voyage. La diligence allait rapidement. Plus je me rapprochais du foyer paternel, plus mon cœur se remplissait de tristesse. Le jour parut. J'aperçus au loin Montargis, ses clochers, ses maisons basses, il était huit heures du matin, je descendis à l'hôtel de la Croix-d'Or.

La première personne que je vis fut mon père, fumant tranquillement sa pipe sur un banc de pierre placé à côté de l'entrée de l'hôtel. Je me jetai dans ses bras. Il m'embrassa avec la plus tendre affection.

Je vis l'éclair de l'orgueil briller dans ses yeux quand il m'eut examiné des pieds à la tête. Ma tante Dorothée était assise près de la fenêtre dans la salle à manger, tricotant paisiblement son bas. Je fus reçu comme l'enfant prodigue. — Tu es une mauvaise tête, s'écria mon père, en passant la paume de sa main sur ses yeux. Je n'aurais jamais pensé que tu aurais ainsi oublié ton vieux père. C'est égal, je te pardonne. — Oh! allez, mon père, vous avez bien des reproches à me faire! grondez-moi. — Eh! mon ami, comment veux-tu que je te gronde : à dix-neuf ans, je me suis engagé malgré ta grand'-mère, et Dieu sait toutes les sottises que j'ai faites. Dans ce temps-là, nous ne valions pas les jeunes gens d'aujourd'hui. Ce ne fut qu'à trente ans que je devins un homme raisonnable. — Et ma bonne tante, comment va-t-elle? — Elle est là, sur sa chaise, qui t'attend; vas donc l'embrasser. Je fus à ma tante, et l'embrassai. Elle prit ma tête dans ses mains, et m'embrassa au front, en me disant en pleurant : — Mon pauvre Michel, j'ai pensé souvent à toi. — Tiens, me dis-je tout bas, au fond ces baisers-là valent bien ceux de Paris, ils trouvent plus facilement le chemin du cœur. Les eaux vous ont-elles fait du bien, ma bonne tante? — Mon cher, ta tante ne s'est jamais mieux portée. Je connaissais ton affection pour elle, notre départ était une ruse de ton père pour te ramener plus tôt parmi nous. En ce moment, je vis entrer mon frère, il m'embrassa cordialement; celui-là était tout à fait à la hauteur de son emploi, c'était un vrai cuisinier.

Je compris que nous nous entendrions très-bien, que le gros travail serait pour lui, et que j'en aurais les profits. — Mon ami, me dit mon père, j'ai cédé la moitié de l'hôtel à ton frère, il en est le propriétaire; quant à l'autre moitié, elle est à toi, nous arrangerons tout cela demain. Je suis juste envers mes enfants, égaux devant mon affection, égaux devant mon héritage.

Tout à coup, Marguerite entra en même temps que Phanor, le chien fidèle. Il était si joyeux de me voir qu'il se précipita sur moi pour me dévorer de caresses. Il me fut impossible de prendre la main de Marguerite. Enfin, on put l'éloigner. — Mon Dieu, monsieur Montagny, que vous avez bien fait de quitter ce vilain Paris. Vous verrez, dès que vous aurez repris vos habitudes à Montargis, vous serez plus heureux ici. A Paris, il n'y a que des intrigants et des égoïstes, on cherche toujours à exploiter le monde; et, quand vous n'avez plus d'argent, on vous regarde comme des rien du tout.

En voyant des sentiments si purs, si vrais, chez tous ces braves gens, je sentis que le souvenir de Paris s'affaiblissait. — Qu'on tue le veau gras pour mon fils! s'écria mon père; c'est-à-dire, qu'on mette une excellente volaille à la broche. En ce moment, je vis la diligence qui arrivait de Lyon ; elle s'arrêta une minute. Richard entra, remit un paquet ; le service était changé. On ne déjeunait plus à la Croix-d'Or. — Tiens, c'est vous ! monsieur Michel, de retour ! Dieu soit loué ! tant mieux. Adieu ! au revoir ! Il me serra fortement la main, et remonta sur l'impériale. Cette apparition me suffoqua ; elle me rappelait tant de souvenirs. Je me mis sur le seuil de ma porte, et je suivis des yeux la diligence, ils étaient mouillés de larmes, elle s'échappaient malgré moi.

— Qu'as-tu, Michel ? me dit mon père, en me secouant le bras. — Rien, mon père, je suis des yeux cette diligence qui part pour Paris. — Et tu regrettais de ne pas partir avec Richard, n'est-ce pas ? — Non ! non ! — Ah ! ces larmes trahissent tes regrets. Mon pauvre Michel, je voudrais avoir de l'or, te le donner, et te dire : Vas, vas à ton Paris ! mais je n'en ai pas. Je le sais, quand on a mangé de ce pain blanc-là, il est dur de revenir au pain noir. Allons, mon ami, du courage ! Vois-tu, j'ai un vieux bourgogne, nous allons en boire chacun une bouteille ; ça te réconciliera avec la patrie. — Oh ! pardon, pardon, mon père ; cela est vrai, le départ de Richard m'a donné des regrets, je me suis rappelé ma vie de Paris ; mais ces regrets, je vous le jure, sont les derniers. — Patience, patience encore, me répondit-il, l'homme se fait à tous les climats; dans peu de jours, tu seras surpris de la facilité avec laquelle tu auras oublié Paris. M'est avis, ajouta-t-il en me frappant sur l'épaule, que tu feras un bon fermier de quelque bonne ferme du Gâtinais, que tu épouseras une jolie fille d'un gros propriétaire de ce département; et, par le temps qui court et celui qui se prépare, les marchands de grains ne sont pas les plus malheureux. Mon ami, l'heure des plaisirs est passée, voici l'heure du travail et de l'ambition qui commence. Allons nous mettre à table.

FIN DES MÉMOIRES.

VISITE[1]

AU CHATEAU DE SAINT-POINT

A Paris, l'amitié est fragile ; c'est un nœud qui se noue et se dénoue facilement. Un rien, un mot, un intérêt froissé, une vanité blessée, on n'est plus amis, on se perd de vue, tout est dit. J'avais pour ami un de ces gentilshommes de hasard, dont on fait la connaissance sur le bitume du boulevard en causant politique, en faisant des rentes, ou à une table de wisth, M. Ph., rédacteur de je ne sais quel journal. Un matin, il vint me voir.

— Mon cher, me dit-il, je viens vous inviter pour le bal de la présidence (nous étions dans les beaux jours du gouvernement provisoire). Voici mon billet d'invitation.

---

[1] Je demande bien pardon à mon lecteur d'ajouter aux *Mémoires d'un bourgeois de province* l'épisode de la visite au château de Saint-Point. C'est un engagement, très-ambitieux sans doute, qu'il m'a fallu remplir.

J'examinai ce billet; il était personnel. Je lui en fis l'observation.

— Ne vous en inquiétez pas davantage, me dit-il; je suis un ami de Marrast.

J'acceptai. Le soir, nous nous rendîmes en citadine au bal de la présidence. Telle était la tolérance de ces temps-là : nous entrâmes deux avec le billet pour un. La réunion était nombreuse; on était pressé sur toutes les surfaces. Ce fut avec une peine infinie que nous pûmes pénétrer dans la grande galerie du concert. Ponchard, madame Sabatier et autres artistes chantaient les plus délicieuses romances. Ce qu'il y avait de curieux dans cette fête, c'était la simplicité de la toilette des dames; elles n'en étaient que plus jolies, mais enfin, soit qu'on cherchât à ne pas se montrer riche, on ne voyait ni dentelles ni diamants. Les hommes étaient en uniforme de garde national ou en habit noir. Au milieu d'un corps nombreux d'officiers, on voyait circuler quelques jeunes gardes mobiles, nouvellement décorés, qui semblaient attendre avec impatience le moment où commenceraient les contredanses. On voyait encore beaucoup de ces notabilités douteuses, paraissant appartenir au respectable corps des épiciers. Tout cela faisait un pêle-mêle qui n'était pas dépourvu d'originalité. Le tout encadré dans des salons flamboyants de gaz et dorés sur toutes les coutures.

Le président Marrast faisait admirablement bien les honneurs de son bal; il apparaissait sur le seuil de toutes les portes, au milieu de tous les groupes; il faisait une dépense prodigieuse de bons mots et de galanteries. La haute pression de la foule se faisait particulièrement sentir dans la galerie du concert et dans le salon qui la précédait. On pouvait aisément circuler dans les lieux à la suite; dans le fond des appartements on ne rencontrait plus que de rares personnes, des dames ornées d'énormes bouquets, assises sur des fauteuils Louis XV ou des divans cousus d'or.

Nous parcourions le dernier salon, moi suspendu au bras de mon ami, lui faisant des observations critiques sur cette profusion de croix dont tant de gens se paraient, malgré la devise de la république : Liberté et Égalité. Tout à coup, la figure épanouie et couronnée de cheveux gris du président Marrast nous apparut. Comme le berger du troupeau, l'excellent président faisait la police de son bal, et cherchait à ramener dans les galeries de la danse les blanches brebis qui s'égaraient dans ses appartements. Mon jeune ami salua familièrement le président, puis, me prenant la main, il s'inclina avec aisance.

— Monsieur le président, lui dit-il, j'ai l'honneur de vous présenter mon ami, M. de Mériclet.

M. Marrast posa un regard légèrement moqueur

sur le jeune homme, et lui répondit avec une bonhomie charmante :

— Mon cher monsieur, je vous en demande bien pardon ; ma parole d'honneur, je ne vous connais pas.

A ces paroles, le jeune homme se troubla, balbutia je ne sais quelle réponse. Déjà le président était bien loin. Nous restâmes seuls dans le salon. Je ne pus m'empêcher de me livrer à un immense éclat de rire sur cette singulière réception. Le jeune homme était tellement humilié qu'il prit mal la plaisanterie ; il eut envie de me chercher querelle ; il laissa échapper de mauvaises paroles : j'en riais plus fort. Enfin, il me quitta brusquement. Un jour, je le rencontrai sur le boulevard ; il m'arrêta. Je lui demandai, en riant, des nouvelles de son ami le président, qui n'était plus président.

— Assez, me dit-il ; je ne permettrai pas qu'on en parle davantage.

Depuis ce moment, nous devînmes ce que l'on appelle des ennemis intimes. Le nœud était tout à fait rompu entre nous : je ne le vis plus. De sa part, c'était une colère d'enfant, d'autant plus durable que le motif n'était pas sérieux.

Il y a environ deux ans, je fis un travail pour le ministre du commerce ; ce travail me valut une gratification de cinq cents francs. Je résolus de faire un petit voyage et de me rendre à Mâcon, où habite un de mes bons camarades de collége. Le lendemain j'étais en route; à peine partis, j'étais arrivé. Midi sonnait. Le bateau l'*Hirondelle* s'arrêta au ponton du quai de Mâcon. Je louai une chambre à l'hôtel de l'Europe, pour y déposer ma malle, et je me dirigeai de suite chez mon vieil ami. Il était parti la veille pour la petite ville de Bourg, visiter sa ferme; il devait revenir à la fin de la semaine.

Je retournai à l'hôtel, contrarié de cette absence. Deux jours à Mâcon, seul, ne connaissant personne, c'était peu amusant. En lisant un journal, je vis que M. de Lamartine venait de présider la dernière séance du conseil général. Si j'allais le voir; je ne le connais pas. Qu'importe? un grand homme, cela fait partie des curiosités du pays; en ma qualité de touriste, je lui dois une visite.

On me dit qu'il habitait, en ce moment, son château de Saint-Point, situé à dix-huit kilomètres de Mâcon. Je louai à l'hôtel un modeste cabriolet, et, le lendemain, à huit heures du matin, j'étais sur la grande route qui conduit à Saint-Point. La voiture volait avec rapidité. Tout en fumant mon cigare, je faisais une singulière réflexion : Je vais voir M. de Lamartine, c'est très-bien; mais comment me présenter? Je l'ai entendu deux fois à la tribune de l'assemblée nationale; j'ai une grande admiration pour son talent; franchement, est-ce une raison parce qu'un homme a une grande réputation politique et poétique, moi, le premier venu, qui passe devant la grille de son château, je me permette d'entrer chez lui, et de lui demander une place à son foyer? Encore faut-il connaître les gens.

Ces réflexions faillirent me déterminer à retourner à Mâcon, lorsqu'il me vint à la pensée que je pourrais me présenter comme un acquéreur de l'une de ses propriétés. Par un temps de république, les acquéreurs sont bien accueillis. Je repris mon aplomb parisien et je continuai ma route. Il était deux heures, lorsque j'entrai dans la cour d'honneur du château de Saint-Point. Je descendis lestement de voiture. Un domestique vint prendre mon cheval. Je demandai M. de Lamartine; on me répondit qu'il était dans son cabinet de travail. Je m'informai si je pouvais me présenter auprès de madame. On m'indiqua l'une des salles basses du château. Je l'aperçus à travers les barreaux d'une croisée, en flagrant délit d'une bonne œuvre. Elle faisait l'école à de petites filles du village. Je restai seul dans la cour; je pus admirer à mon aise le vieux manoir de Saint-Point et le paysage qui l'entourait. Saint-Point est une antique habitation qui date du moyen âge. On a voulu lui faire une entrée d'un style gothique; cette entrée n'a aucun rapport avec la simplicité de la façade. Ce jour-là, on posait une horloge dans la vieille tour du château.

L'habitation de Saint-Point est bâtie à mi-coteau,

elle est entourée de hautes montagnes, d'où se déroulent des masses énormes de bois taillis, mêlés à quelques futaies. Le fond de la vallée se dérobe sous les arbres du parc. Il existe sur la terrasse un pavillon entièrement garni de mousse. De ce pavillon, on aperçoit des coteaux ravissants. A travers champs, on découvre quelques rares pièces de vignes; elles ont été créées par M. de Lamartine. C'est une lutte engagée avec le climat qui ne permet pas toujours au raisin de mûrir.

Pendant que j'admirais cette demeure gothique, un perroquet, perché sur son échelle, fit entendre un cri perçant. Je me retournai, j'aperçus M. de Lamartine. Mon émotion fut très-vive. Il vint droit à moi, et me dit avec bienveillance : — Monsieur, voulez-vous monter au salon? il y a des livres, des journaux, un bon feu. Obligé de me rendre auprès de quelqu'un, dans le voisinage, je serai bientôt de retour. A ce soir. — Pardon, répondis-je, je n'ai que peu d'instants à rester à Saint-Point. — Comment! s'écria-t-il, on ne vient pas à Saint-Point sans accepter le dîner de famille. On lui amena son cheval, il le monta avec grâce et disparut au galop, en me disant, qu'il serait de retour dans une heure.

Me voilà une seconde fois au milieu de la grande cour, très-rassuré sur mon dîner, ne sachant pas si je devais aller visiter les grands bois de Saint-Point, ou monter au salon. Je donnai la préférence au salon. Je pensai qu'il me serait plus agréable de passer deux heures dans les bras d'un excellent fauteuil, avec des journaux et des livres, que d'aller me fatiguer à parcourir les bois. Je montai un escalier tortueux; j'entrai dans la salle de billard; j'aperçus quelques tableaux peints par madame de Lamartine; des portraits de famille. L'un de ces tableaux est d'une exécution si parfaite qu'on dirait qu'il a été peint par un maître de l'école italienne. Je mis la main sur le bouton de la porte d'entrée du salon, je poussai la porte; qu'elle fut ma surprise! j'aperçus deux jeunes personnes admirablement belles, une dame d'une grande distinction, et madame de Lamartine. L'une de ces jeunes personnes était un véritable type des filles de l'Orient; l'autre possédait toutes les grâces d'une vignette anglaise. Ces jeunes personnes étaient les nièces du grand poëte, et la dame de distinction sa sœur.

Je m'attendais si peu à rencontrer ces dames, que je fus très-ému de cette apparition. La dame, dont la tournure était si distinguée, m'engagea à prendre un fauteuil. Ce premier mouvement d'émotion passé, j'expliquai à ces dames, avec beaucoup d'assurance, le motif de ma visite, mon intention de faire une acquisition; qu'en me rendant à Saint-Point, je m'étais arrêté à Monceau, château situé à peu de distance de Mâcon qui appartient à M. de Lamartine; j'ajoutai que l'exposition de cette propriété m'avait paru belle, mais que j'en supposais le prix élevé et au-dessus de la somme que je destinais à une acquisition.

Ces dames m'assurèrent que M. de Lamartine était très-décidé à vendre à un prix modéré, que d'ailleurs, si je voulais acheter une maison séparée avec un vigneronnage, on les détacherait du château. J'avais hâte de sortir de cet entretien qui me mettait mal à mon aise. Ces dames m'écoutaient avec tant de confiance et de bonne foi : j'en avais des remords.

— Je suis d'autant plus enchanté, dis-je à ces dames, d'être venu à Saint-Point, qu'aujourd'hui j'ai la satisfaction de dire que j'ai visité les habitations des trois plus grands poëtes, historiens et romanciers du siècle. Il y a un an à peine, j'ai fait le voyage d'Angleterre, visité l'abbaye de Newstoad, jadis l'habitation de lord Byron. Ce fût Henri VIII qui en fit don à l'un de ses ancêtres. J'ai parcouru cette demeure dans ses plus grands détails, les promenades, les prairies qui encadrent cette gothique abbaye. Tout cela m'a paru triste, sombre ; ce n'est pas un ciel bleu et inspirateur comme celui de vos belles montagnes. De Newstoad, je me suis rendu à Édimbourg, et d'Édimbourg à Abbotsfort, au château de Walter Scott, sur les bords de la Tweed.

— C'est, sans doute, un château moyen âge, me dit l'une de ces demoiselles.

— Ce château est, en effet, bâti sur les plans d'une habitation du moyen âge. Ce fut Walter Scott qui le fit bâtir; il créa les jardins, les bois, les avenues. On raconte dans le pays que, vers les dernières années de sa vie, Walter Scott fut ruiné. Dans cette déplorable situation, il offrit à ses créanciers, pour garantir leurs créances, des livres, des tableaux, des manuscrits, des objets d'art. Loin de se laisser abattre par le malheur, il se livra avec plus de persévérance au travail. Ses créanciers, touchés de tant de courage, lui rendirent ses livres et ses tableaux. En France, on serait moins généreux. Quelque célèbre que fût un poëte ou un historien, personne ne viendrait à son secours. Nous n'avons pas cet esprit national qui encourage tout ce qui peut honorer la patrie. En Angleterre, si Walter Scott s'était écrié : « Je suis ruiné! » toutes les bourses de l'Angleterre seraient venues à son secours, comme jadis les fillettes de France auraient filé de la laine toute l'année pour la rançon de Duguesclin. Alors il y avait plus de patriotisme en France qu'aujourd'hui.

En ce moment, M. de Lamartine entra. Je me hâtai de changer la conversation. On lui dit que je me présentais pour acquérir une partie du château de Monceau. Il m'en fit un tableau séduisant. A le croire, il ne s'agissait que de se poser dans un fauteuil du salon, ouvrir la croisée qui domine la belle avenue du château, et voir arriver les récoltes, les produits, et recueillir des fruits comme la terre promise n'en a jamais donné. Pendant qu'il me parlait, j'avais dans les mains un numéro du *Constitutionnel*, où M. Sainte-Beuve rendait compte de Raphaël. Je brûlais de l'envie de lui faire déserter la question des hypothèques et du projet de division de la terre de Monceau pour l'attirer sur l'article du journal. Je lui indiquai la phrase où on lui fait dire : « Eh ! qu'est-ce que cela me fait ? j'ai pour moi les femmes et les jeunes gens : c'est le présent et l'avenir. »

Si vous aviez vu le poëte, l'historien, l'artiste, après quelques mots d'une moquerie piquante sur M. Sainte-Beuve, qu'il me dit avoir fait recevoir à l'Académie française, perdant de vue Monceau, les échéances des créances hypothécaires; pendant une demi-heure, il broda sur ce texte : les femmes et les jeunes gens, voilà l'avenir, les plus adorables fantaisies. Il parla avec une certaine ironie de la tourbe bourgeoise qui s'effarait de son style. Il revenait sans cesse à ses lecteurs chéris, les femmes et les jeunes gens : — Ce sont eux, s'écriait-il, qui possèdent le goût du beau, la virginité de la pensée et la vie.

Personne ne possède, comme M. de Lamartine, cette facilité de l'improvisation, cette parole entraînante. Ce fut une avalanche de pensées, d'images, qui me tinrent suspendu à sa parole sans me lasser de l'entendre. Un des domestiques entra ; il dit assez bas à Madame :

— Le monsieur de Paris, qui est parti pour la chasse, n'est pas encore de retour, faut-il attendre?

— Non pas! s'écria M. de Lamartine, qui l'avait entendu ; tant pis pour le monsieur de Paris, servez le dîner, et se retournant vers moi : Monsieur, ajouta-t-il, veuillez offrir le bras à madame.

La salle à manger de Saint-Point n'est pas élégante; c'est une salle basse voûtée; on dirait une vieille salle d'armes. Dès le commencement du dîner, M. de Lamartine nous fit la description d'une fête donnée à Mâcon par M. de Lacretelle. Son récit fut mêlé d'anecdotes très-amusantes. On avait poussé la complaisance jusqu'à lui donner un chien pour passer la nuit près de lui. Les détails de la fête semblaient se dérouler comme des images sous nos yeux. Je l'écoutais en plein bonheur. J'étais dans une société jeune, gaie, chez l'un des plus magnifiques génies de notre époque; hospitalité bienveillante, tout cela me ravissait.

A première vue, madame de Lamartine, dont l'érudition surpasse, dit-on, celle de son mari, m'avait paru un peu collet monté; mais elle se fit promptement aimable. Placé à côté d'elle, à table, fort de quelques souvenirs d'un article que j'avais publié dans le feuilleton d'un journal politique, sur la cour d'Alphonse II et sur la vie du Tasse, je l'avais habilement amenée sur les épisodes de cette époque. Quelle fut ma surprise, quand je l'entendis, à son tour, me raconter une foule de détails qui m'étaient inconnus. Je reçus une véritable leçon d'histoire. Elle me parla du duc de Ferrare, du cardinal d'Est et des personnages les plus marquants de cette époque avec une extrême facilité. J'avais pensé, en la conduisant sur ce terrain, me faire écouter. Ce fut elle, au contraire, qui me parla avec un charme infini.

J'étais dans cette douce quiétude de l'âme, quand elle se replie sur elle-même pour arrêter la marche du temps, lorsqu'un domestique se pencha vers M. de Lamartine et lui dit : Voilà M. Ph. de retour de la chasse. A ce nom de Ph., j'éprouvai une émotion si vive, que le domestique me répéta deux fois :

— Monsieur veut-il du vin du mont Liban?

— Goûtez ce vin-là, me dit M. de Lamartine, on en boit rarement en France.

Je ne l'entendais pas, le nom de Ph. m'avait pétrifié. Paris tout entier ne m'aurait pas offert un nom plus odieux. J'étais en pleine sécurité avec des hôtes confiants en moi comme d'honnêtes gens qu'ils étaient, survient un impertinent, un ennemi qui avait une revanche à prendre. Je m'étais présenté sous un nom pseudonyme, je marchais sur un buisson d'épines. Il entra, salua ces dames, se mit à table, et s'excusa d'avoir oublié l'heure en poursuivant un lièvre qui court encore. Pendant qu'il parlait ses yeux s'arrêtèrent sur moi. Dieu me pardonne! sa surprise fut au moins égale à la mienne. Il fut si troublé qu'il put à peine finir son histoire. De part et d'autre nous nous mîmes en garde.

— Monsieur de Mériclet, disait madame de Lamartine, acceptez un peu de cette crème, goûtez ce gâteau de Gourges, il est parfait.

M. de Mériclet! semblait répéter mon atroce adversaire. A chaque instant j'éprouvais une terreur affreuse qu'il ne vînt à dévoiler ma vraie position. L'acquéreur de Monceau se serait évanoui sous les sarcasmes de l'ami de M. Marrast. Il se contenta de sourire. Puis, acceptant ce nom, il me demanda des nouvelles de Paris, du noble faubourg, de mon hôtel, de mon équipage. Ces questions m'étaient adressées d'un air railleur; deux fois il me prit la fantaisie de lever le masque et de me donner la satisfaction de lui adresser à mon tour quelques mots aussi cruels que ceux qu'il m'adressait. Cela n'était pas possible. J'aurais affligé inutilement madame de Lamartine, si bienveillante pour moi, et je me serais déshonoré aux yeux de M. de Lamartine. Il me fallut subir ses plaisanteries jusqu'à la fin du dîner, et servir de plastron à tous ses coups d'épingles.

Un moment il me parla du *Château des sept tours*,

il me demanda si j'avais trouvé un acquéreur. Le *Château des sept tours* est un drame de ma façon, joué sans succès au théâtre de la Gaîté. J'étais à bout de toute ma patience, lorsqu'une des nièces de M. de Lamartine, celle au type oriental, devina ma détresse et vint à mon secours. Les femmes ont un tact parfait pour deviner les sentiments qui se cachent sous les paroles.

— Mon Dieu ! dit-elle, que la soirée était belle hier, et avec quel plaisir du haut de la terrasse j'ai admiré la splendeur et la beauté des étoiles. Croyez-vous, mon oncle, que Dieu les ait créées seulement pour exciter notre admiration et se promener silencieusement dans le ciel ? Sont-elles habitées, ou ne sont-elles que d'immenses déserts ?

— Mais, répondit M. de Lamartine, pendant mon séjour en Orient, j'ai souvent parcouru la nuit les plaines du ciel, et suivi de l'œil ces splendides météores. Dans ces contrées, on dirait que le ciel est plus transparent, plus rapproché de la terre ; les étoiles ont un éclat plus vif, peut-être aussi l'âme est-elle plus disposée à une rêverie contemplative. Quoi qu'il en soit, voici un système ; je ne sais où je l'ai puisé ; il ne manque pas d'une certaine apparence de vérité.

Dans l'échelle de la création, depuis l'insecte le plus infime jusqu'à l'homme, il n'y a pas un espace vide, pas un anneau brisé. La création se déroule sans interruption du simple au composé. Elle s'arrête à l'homme, sa plus belle expression. Entre l'homme, créature finie et Dieu qui est infini, il y a un abîme aussi profond que le ciel. Dieu, après avoir créé l'homme, s'est-il donc reposé? Existe-t-il entre Dieu et l'homme une solution infinie de continuité? Cela ne peut pas être. Il a dû créer d'autres êtres d'une nature supérieure à celle des hommes; il a dû continuer l'échelle de la création qui doit monter jusqu'à son trône.

Une multitude d'êtres inférieurs à l'homme, disait Locke, annonce une multitude d'êtres supérieurs. Il est donc probable qu'il existe entre Dieu et l'homme des êtres intermédiaires. Ils doivent habiter les planètes qui gravitent dans le même système que le nôtre, qui sont soumises aux mêmes lois et ont plus d'étendue que la terre. Au reste, ma chère nièce, Dieu n'a rien créé sans but. La simple création de ces grands corps pour en faire d'immenses déserts ne peut pas être le but de leur création. Par analogie, il est évident que si dans notre monde rien n'a été fait sans prévoyance, à plus forte raison les planètes ont été créées pour servir de séjour à des habitants dans d'autre conditions que notre nature.

M. de Lamartine continua ainsi de parler jusqu'à la fin du dîner sans que personne songeât à l'interrompre. Il raconta ensuite quelques épisodes de la révolution de février. Il parla sans amertume de divers personnages aujourd'hui ses plus fougueux adversaires. La simple narration de certains faits était déjà une ironie cruelle.

Le dîner fini, on se rendit au salon où brillait un grand feu. On servit du café et des cigares. Le cigare s'est introduit dans les salons du château. Ph. s'approcha de moi pendant que M. de Lamartine avait la bonté de me dire que, l'hiver à Paris, il recevait le samedi, et qu'il serait charmé de me voir. Je prévoyais que Ph. allait continuer son système d'épigrammes. J'étais résolu à en finir. Il n'en fut rien. Il était neuf heures. Craignant de m'attarder dans les montagnes, je demandai la permission de me retirer. Après avoir exprimé à madame de Lamartine toute ma reconnaissance de sa gracieuse hospitalité, je fis mes adieux à ces dames. J'allais déclarer mon véritable nom et ma profession, lorsque mon impitoyable ennemi me tendit la main et me dit : — Au revoir, monsieur de Mériclet.

J'arrivai à Mâcon à deux heures de la nuit, le cœur tout joyeux d'avoir passé une journée dans une famille aussi bonne et aussi cordiale.

Il était neuf heures du matin; je dormais encore lorsqu'on frappa à la porte de ma chambre. Je me réveillai assez contrarié; je fus ouvrir; c'était M. Ph. Il arrivait de Saint-Point.

— Je viens vous surprendre au lit, me dit-il; je désire que vous me rendiez un service. Voilà quinze jours que j'habite le château de Saint-Point. Je ne voudrais pas abuser de la bonne hospitalité qu'on m'y accorde ; mais n'ayant pas le sou pour retourner à Paris, je suis fort embarrassé pour le quitter. Je ne connais personne dans ce maudit pays. Comment en sortir sans payer les domestiques et ma place au chemin de fer? Je suis prisonnier faute de capitaux pour acquitter ma rançon ; prêtez-moi cinq cents francs. Après ça, si vous voulez me permettre de vous dire toute ma pensée, malgré l'inconvénient qu'il y aurait de demander de l'argent à M. de Lamartine, je soupçonne que mon hôte n'a pas beaucoup de capitaux à sa disposition, ce qui rendrait ma demande encore plus indiscrète. Rendez-moi ce service.

— Mais, mon cher ami, répondis-je, avec cinq cents francs j'irais à Rome. D'ailleurs, vous savez bien que, quoique propriétaire du *Château des sept tours*, je ne suis pas riche. Voilà ce que je peux faire pour vous ; je lui remis cent francs. Mon jeune ami saisit l'argent avec un vif empressement. Je compris bien que la rentrée en était très-compromise, mais je ne pouvais pas refuser de le sortir d'un aussi cruel embarras.

— Adieu, au revoir, merci ; nous nous retrouverons à Paris ; vous me rendez un véritable service.

— Ah çà! lui dis-je, en le retenant par la main, que fait M. de Lamartine?

— M. de Lamartine, il vient de résoudre un grand problème.

— Lequel donc?

— Celui de reconquérir pures et affranchies de grandes propriétés chargées de quelques dettes, dont une partie avait été contractée pendant qu'il se dévouait à mille périls pour sauver la liberté, et épargner à son pays les horreurs d'une plus terrible révolution. Celui encore de se livrer à ses sentiments généreux; de répandre de nombreux bienfaits, rendre heureux ceux qui l'entourent, accorder une large et bienveillante hospitalité à ses amis, tout cela par la puissance du travail et du génie.

FIN.

TABLE DES MATIÈRES

I. Départ pour Paris. 1	XXI. Affiliation à une société secrète. 160
II. Ma première visite. 9	XXII. Nouvelle infidélité. 178
III. Le camarade de collége. 16	XXIII. Lettre de change. 187
IV. Une maison de jeux clandestins. 22	XXIV. Variété du vol au bonjour. 194
V. Le bal de l'Opéra. 35	XXV. Marguerite. 199
VI. Mes premières amours. 42	XXVI. Les filous et les industriels. 204
VII. Déjeuner à Bercy. 52	
VIII. La vie de Bohême. 62	XXVII. Une offense qu'on ne pardonne pas. 212
IX. Lettre du père Montagny. 75	
X. Le médecin homœopathe. 80	XXVIII. Une épreuve gastronomique. 227
XI. Marguerite. 86	
XII. Les salons de madame la comtesse de Beauverger. 93	XXIX. Le garde du commerce. 234
	XXX. Clichy. 240
XIII. Danger de faire la cour à une femme mariée. 99	XXXI. Les gens d'affaires. 245
XIV. Une soirée chez M. de Lamartine. 112	XXXII. L'amour dans les rues. 253
	XXXIII. La Morgue. 259
XV. Une provocation. 120	XXXIV. Cent mille francs de dot. 266
XVI. La sœur grise. 129	
XVII. La dame de bon voisinage. 136	XXXV. Un cœur pour trois amours. 278
XVIII. Rencontre inattendue. 141	XXXVI. Le cheveu blanc. 287
XIX. Une mauvaise affaire. 148	XXXVII. Retour à Montargis. 292
XX. Duel au bois de Vincennes. 154	Visite au château de Saint-Point. 305

FIN DE LA TABLE.

Paris. — Imprimerie de GUSTAVE GRATIOT, 30, rue Mazarine.

www.ingramcontent.com/pod-product-compliance
Lightning Source LLC
Chambersburg PA
CBHW060403170426
43199CB00013B/1980